PROFISSÕES DO FUTURO
Você está no jogo?

Sidnei Oliveira

PROFISSÕES DO FUTURO
Você está no jogo?

Colaboradores: Felipe Maluf e Camila Caputti

Integrare business

Copyright © 2013 Sidnei Oliveira
Copyright © 2013 by Integrare Editora

Todos os direitos reservados, incluindo o de reprodução sob quaisquer meios, que não pode ser realizada sem autorização por escrito da editora, exceto em caso de trechos breves citados em resenhas literárias.

Publisher
Luciana M. Tiba

Consultoria editorial
Maurício Machado

Assistente editorial
Deborah Mattos

Edição de texto e revisão
Adir de Lima
Amanda Coca

Projeto gráfico de capa e de miolo / Diagramação
Nobreart Comunicação

Dados Internacionais de Catalogação na Publicação (CIP)
(Câmara Brasileira do Livro, SP, Brasil)

Oliveira, Sidnei
　　Profissões do futuro : você está no jogo? / Sidnei Oliveira ; colaboradores Felipe Maluf e Camila Caputti. – São Paulo : Integrare Editora, 2013.
　　Bibliografia.
　　ISBN 978-85-8211-048-5

　　1. Carreira profissional - Desenvolvimento 2. Carreira profissional - Planejamento 3. Desenvolvimento pessoal 4. Jovens - Trabalho 5. Sucesso profissional I. Maluf, Felipe. II. Caputti, Camila. III. Título.

13-07798　　　　　　　　　　　　　　　　　　　　　　　　　　　　CDD-650.14

Índices para catálogo sistemático:
1. Amor : Relações interpessoais : Psicologia aplicada　158.2

Todos os direitos reservados à
INTEGRARE EDITORA E LIVRARIA LTDA.
Rua Tabapuã, 1123, 7º andar, conj. 71-74
CEP 04533-014 – São Paulo – SP – Brasil
Tel. (55) (11) 3562-8590
Visite nosso site: www.integrareeditora.com.br

AGRADECIMENTOS

É sempre muito emocionante chegar ao momento de agradecer todas as ideias que influenciaram na construção deste projeto. Artigos compartilhados, imagens com significados, debates entusiasmados, conselhos sussurrados e críticas amigas, tudo sempre surge de maneira especial e organiza um conjunto de palavras que no final eu chamo de livro.

Assim, quero registrar meu sincero agradecimento àqueles que estiveram próximos durante esse tempo e dedicaram seu período a ouvir minhas ideias.

Agradeço especialmente a minha família, sempre paciente em aceitar o tempo que dedico à construção de meus livros. Minha parceira de vida Linda, que é uma excepcional ouvinte, sempre apoiadora e gentil com as críticas. Minha filha Amanda, determinada revisora de meus textos e sempre inspiradora em me apresentar o pensamento jovem. Meu filho Rodrigo e sua esposa Sara, protagonistas de trajetórias profissionais inovadoras e sempre desafiadoras.

Agradeço a minha parceira, Carla Orioli, que com sua determinação e competência tem viabilizado muitas iniciativas e ideias. Agradeço também a minha analista de conteúdo, Camila Caputti, determinada e curiosa, que soube canalizar seus talentos na pesquisa profunda das profissões, identificando dados e informações. Sem sua participação o livro não teria o peso que alcançou.

Agradeço ao associado Felipe Maluf pelas pesquisas sobre as profissões e pelos debates que levaram a escolha daquelas que seriam apresentadas neste trabalho. Suas experiências e conhecimento sobre o jovem profissional ajudaram muito na construção de um perfil de profissional que o futuro exigirá.

Agradeço aos amigos e empresários Tadeu e Patrícia Patané, que me proporcionaram um espetacular laboratório em seus eventos universitários e também ao amigo e escritor Leo Fraiman pela generosidade em compartilhar e criticar os aspectos técnicos deste livro, além de me honrar com o prefácio que abre esta obra. O conhecimento profundo das profissões, no qual Leo é um expert, ajudaram a estabelecer uma padrão elevado, sem que isso comprometesse o desejo de leveza na linguagem.

Agradeço de forma especial ao Mauricio Machado, o Consultor Editorial que me estimulou e sugeriu a abordagem desse livro e a Luciana Tiba, minha querida Publisher, sempre pronta a apoiar e ajudar a desenvolver uma obra cuidadosa e sábia.

Todos vocês têm um significado especial em minha vida e me estimulam a continuar nesta jornada. Muito obrigado!

• • • • • SUMÁRIO

AGRADECIMENTOS **05**
PREFÁCIO **07**
APRESENTAÇÃO **12**
Há profissões do futuro?

PARTE 1 | CONQUISTANDO UMA PROFISSÃO
Oito atitudes que todo jovem potencial deve ter 19
Currículo – Você não terá um segunda chance 25
Vida Digital – A entrevista começa nas redes sociais 35
Quer mesmo mudar de emprego? 41

PARTE 2 | AS PROFISSÕES DO FUTURO
As que você sempre ouviu falar 47
As que você nunca ouviu falar 67
Algumas ótimas oportunidades para os próximos anos 103

PARTE 3 | SUCESSO ANTES DO TRABALHO? SÓ NO DICIONÁRIO
Não quero trabalhar no inferno! 117
Estão apostando em você? 123
Vai mudar de emprego? De novo? 127
Não falta competência ao jovem, falta maturidade 131
Qual a importância do propósito? 135

CONCLUSÃO
O melhor lugar do mundo para se viver 141
A busca de uma carreira de vida 147
Você está no jogo? 153
Bibliografia 157
Biografias 159

PREFÁCIO

É um prazer apresentar esta obra generosa que se presta a orientar e inspirar os jovens ingressantes no mercado de trabalho. Fiquei feliz com este convite e, com o livro nas mãos, a leitura se fez rápida, leve e fluida.

Por meio de informações e orientações claras e atuais, Sidnei vai conversando com o leitor, ora o inspirando, ora ajudando a colocar os pés no chão e fazer as pazes com a realidade. Fiquei pensando em como será bom que os alunos leiam sobre esse tema no momento de escolherem sua carreira, ou mesmo para que obtenham o melhor na área que já estejam estudando. Com este livro abre-se um leque de opções, para muitos desconhecido e motivador.

A partir de sua vivência no mundo das grandes empresas, o autor, um profissional sênior e altamente requisitado pelas grandes corporações do nossos país, mostra oportunidades muito interessantes aos jovens de idade e de espírito.

Essa leitura se faz ainda mais importante diante do cenário ameaçador da crise europeia, da situação delicada da economia americana e dos efeitos da instabilidade macroeconômica mundial que começam a chegar à nossa economia, predizendo que tenderão a se manter no mercado aqueles que fizerem boas escolhas: tanto de que carreira seguir quanto sobre as atitudes que adotarem naquilo que escolherem.

Darwin já há muito escrevera sobre a sobrevivência dos mais fortes. Na realidade em que vivemos, isso significa estar com o coração no lugar certo, a mente alerta e o espírito vivo e iluminado para compartilharmos com o mundo o nosso melhor.

Este livro contribui com o jovem e com os pais deste, abrindo sua mente a uma visão em widescreen diante do que ele viverá em sua vida futura: os desafios, as dificuldades, os caminhos...

Sidnei mostra aqui novos nichos e oportunidades, mas vai além. Mesmo aquelas profissões "tradicionais" e tão conhecidas também foram analisadas para que a visão do mercado de trabalho fosse retratada com fidelidade e amplitude. Os primeiros passos, as dicas de posturas e atitudes, as competências desejadas pelas grandes empresas. Está tudo aqui.

Ao autor, parabéns pela nobreza de compartilhar sua experiência e abrir os olhos desta nova geração que em breve estará fazendo sua história e, no futuro, cuidando deste país. Ao leitor, meus cumprimentos pela curiosidade e por cuidar de seu futuro buscando aqui informações e orientações para construir um projeto de vida sadio, feliz e eficaz. À editora, estendo meus cumprimentos pela visão, pela dedicação à educação e pelo esmero nos cuidados com esta obra, característica sempre presente em suas publicações.

Se eu tivesse um filho, certamente compraria dois livros e leríamos juntos. Como ainda não tenho, farei com que meus alunos do país todo saibam desta obra imprescindível ao seu futuro, afinal, uma nação se faz com sonhos e com atitudes!

Leo Fraiman
Psicoterapeuta, consultor, palestrante e escritor

Colaborar com o Sidnei e ajudar a escrever este livro foi um grande desafio para mim. Primeiro por eu achar que não tinha maturidade suficiente para isto, e segundo porque não é sempre que temos a oportunidade de escrever um livro com um autor de best-seller; no mínimo eu tinha que me dedicar e fazer bem feito. O resultado é este livro cheio de ótimas dicas e orientações, aquelas mesmas que eu estou tendo o privilégio de receber no meu dia a dia.

Camila Caputti
Jornalista

Contribuir com este livro tem um sabor especial. O sabor de contribuir com algo que não tive acesso e que não fez sentido no início da minha carreira: estar ou não no jogo!

As infinitas opções de carreiras, os inúmeros desdobramentos que cada formação pode apresentar só contribuem para a confusão e aumentam a ansiedade de uma geração imediatista! Informações relevantes para a escolha profissional e algumas dicas e reflexões importantes podem sim mudar uma trajetória! E é essa sensação de contribuição que o livro me traz: ajuda ao próximo!

Pra frente, jovens! O mundo precisa de vocês cada vez mais lúcidos em suas escolhas e cada vez mais conscientes dos seus atos!

Felipe Maluf
Coach de jovens

APRESENTAÇÃO

Há profissões do futuro?

• ● • ● • ●

Será possível definir qual é a profissão do futuro? Aquela que irá trazer maiores benefícios e satisfação?

Recentemente fui questionado sobre quais seriam as melhores profissões para se apostar. Quando observo esse tipo de questionamento, é inevitável um incômodo, pois parece um convite a pensar na carreira como quem "aposta" em uma corrida de cavalos, e acho que não deve ser assim.

Algumas vezes tentamos imaginar o futuro com profissões novas – aquelas que nunca existiram –, como coordenador de identidade virtual, gestor de ecorrelacionamentos ou analista de diversidade. Claro que sempre iremos assistir manifestações inovadoras e inusitadas, mas isso não quer dizer que as profissões do futuro serão completamente dissociadas do presente. Na verdade, o futuro está muito mais ligado às oportunidades que surgirão para as carreiras existentes no presente.

Questões interessantes para análise são as oportunidades que surgem a partir de uma nova perspectiva. Observe as novas tecnologias de interface com os computadores. Basta imaginar os softwares de reconhecimento de voz, tradução simultânea e revisão automática que estão em desenvolvimento atualmente, que veremos intensas oportunidades para fonoaudiólogos, tradutores, linguistas e revisores.

Outro exemplo tem conexão com o aumento na expectativa de vida das pessoas. Certamente isso demandará um número crescente de profissionais ligados à saúde, mas também profissionais de organização de eventos, de engenharia de alimentos e de meio ambiente, afinal, será cada vez mais importante harmonizar o convívio das pessoas e o estilo de vida.

Além disso, não podemos nos esquecer de eventos como a Copa do Mundo e as Olimpíadas. Eles irão trazer muita valorização para os profissionais do turismo e de infraestrutura, mas o novo olhar talvez deva ser concentrado no que será feito após esses eventos, pois precisaremos potencializar, da melhor forma, todos os investimentos que faremos na geração desses profissionais.

Para olhar o futuro pensando em carreira é importante olhar o presente com mais atenção. A chave está em criar um novo olhar sobre as carreiras já existentes, atentando para os sinais e oportunidades que o futuro apresenta hoje.

PARTE I

CONQUISTANDO UMA
PROFISSÃO

Oito atitudes
que todo jovem potencial deve ter

• • • • • •

Já faz algum tempo que começamos a perceber uma transformação na forma como as pessoas compartilham e realizam suas atividades. O trabalho colaborativo ocupa cada vez mais espaço nas empresas, desafiando os profissionais a terem um perfil integrador, mantendo abertos todos os canais de conexão. Isso exige do jovem algumas atitudes mais alinhadas com os objetivos da empresa em que trabalha, para que receba desafios coerentes com todo o seu potencial e assim intensifique o desenvolvimento de sua carreira.

O jovem que pretende ser avaliado como potencial precisa desenvolver oito atitudes principais:

Ser conectado
Identificando conexões entre situações complexas e ambíguas, muitas vezes sem uma relação óbvia, utilizando-as para chegar a conclusões sobre questões-chave. Para isso, é prioritário desenvolver uma grande intimidade com novas tecnologias e com as ferramentas de conexões, utilizando-as amplamente como instrumentos de produtividade pessoal.

Ser flexível
Adaptando sua comunicação a cada público e buscando constantemente um forte entendimento a respeito das ferramentas de conexões e das novas tecnologias, usando sua capacidade analítica e conceitual como principal instrumento de adaptação.

O trabalho colaborativo ocupa
cada vez mais espaço nas empresas,
desafiando os profissionais a terem um
perfil integrador, mantendo abertos
todos os canais de conexão.

Construir relacionamentos

Desenvolvendo alianças estratégicas e buscando alcançar benefícios mútuos ao promover seus objetivos, sempre em alinhamento com os valores e estratégias pessoais seus e de seus relacionamentos. Garantindo recursos e ambiente que estimulem a participação de todos em sua equipe. Promovendo a distribuição de atividades de maneira desafiadora, buscando o desenvolvimento individual da equipe, sem comprometer objetivos e resultados.

Valorizar a individualidade

Procurando "deixar a própria marca" em suas realizações, fazendo escolhas que promovam suas habilidades e conhecimentos.

Priorizar a inovação

Questionando abertamente o *status quo* de modo contributivo. Apontando as oportunidades específicas de mudança e, sempre que possível, apoiando iniciativas de inovações. Buscando melhorias por intermédio das pessoas, transformando e alinhando os processos em uma direção desafiadora. Considerando sempre a inovação e a mudança como oportunidade de promover o desenvolvimento e a motivação da equipe.

Focar em resultados

Persistindo em seus objetivos com energia, sempre na direção das metas planejadas, superando obstáculos e incertezas. Planejando o tempo todo as contingências, para garantir a obtenção de resultados.

Valorizar a estratégia

Pensando além do momento presente, analisando cenários internos e externos e percebendo tendências que podem ter impacto nas atividades. Aceitando a interferência em suas decisões e objetivos pessoais. Questionando, testando suposições e discutindo as questões abertamente.

Ter atitude

Identificando e lidando com assuntos de forma proativa e persistente, desenvolvendo e executando planos para atingir objetivos organizacionais, definindo prioridades claras, adquirindo, organizando e alavancando recursos disponíveis para atingir resultados sustentáveis com qualidade.

Essas são atitudes para os tempos de transformações, em que pessoas de diversas gerações, principalmente as da geração Y, precisam se adaptar para entender os novos conceitos de relacionamentos.

Se não houver por parte do jovem uma postura de constante aprendizado e desenvolvimento dessas atitudes, dificilmente ele será reconhecido como um potencial e estará colocando em risco o próprio crescimento profissional.

Segundo pesquisas, aproximadamente 20% dos líderes nas empresas pertencem à geração Y (nascidos entre 1980 e 1999) e são formados por jovens com elevada qualificação acadêmica. Isso certamente aumenta a expectativa de ascensão, principalmente quando o jovem encontra, nas empresas, profissionais com qualificação acadêmica inferior.

Contudo, isso também traz efeitos negativos, pois a ascensão a postos de liderança não é composta apenas por conhecimento acadêmico, mas também por conhecimento tácito, adquirido com a experiência funcional. A falta desse conhecimento tácito em liderança faz que o jovem líder seja visto como "sem tato" por sua equipe, por isso é indispensável, para todo jovem que pretende ser um bom líder, desenvolver as atitudes descritas.

Certamente o tempo trará um novo equilíbrio, à medida que essa geração alcançar posições mais consolidadas, nas quais possa demonstrar maior maturidade e experiência.

O atual cenário ainda irá pressionar os jovens líderes a uma constante adaptação, pois eles precisam aprender a lidar com os relacionamentos interpessoais usando "ferramentas analógicas", como as conversas do tipo "olho no olho", e não apenas fazendo uso dos instrumentos virtuais que eles dominam com facilidade.

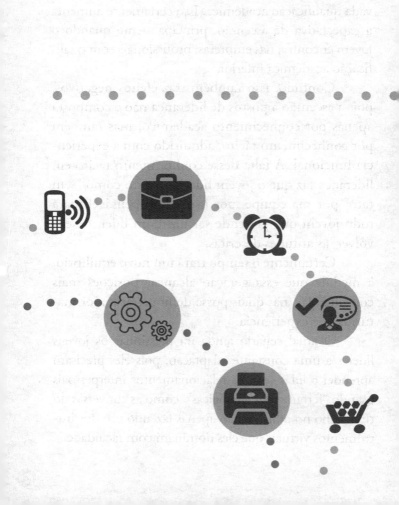

Currículo
Você não terá uma segunda chance

• ● • ● • •

Refletir sobre suas atitudes é apenas o começo de uma trajetória de autoconhecimento que o levará ao mercado de trabalho. O próximo passo é planejar muito bem como se apresentar, escolhendo uma estratégia que destaque suas melhores características e demonstre todas as possibilidades de resultados que você pode proporcionar ao futuro empregador. Para isso, um bom currículo deve ter como missão principal promover sua apresentação e conquistar uma entrevista pessoal. Lembre-se, quando você está se apresentando, é muito comum um pensamento passar pela mente nesse momento tão singular:

> **"Você não terá uma segunda chance de causar uma primeira boa impressão."**

E essa é a mais pura verdade. Muitos candidatos são eliminados já nessa etapa simplesmente por enviar seu currículo com informações incorretas, dados incompletos ou omissos que, no primeiro momento, demonstram apenas a falta de atenção com coisas simples que poderiam ser facilmente evitadas.

Outro erro comum é utilizar modelos prontos de currículos, muitas vezes disponíveis na internet. Se você quer causar uma primeira boa impressão, deve trabalhar nisso, "buscar atalhos menos trabalhosos" já transmite algumas informações sobre seu caráter e sobre suas escolhas. Não se esqueça de que os recrutadores já recebem inúmeros currículos padronizados. Apresentar mais um como os outros só consegue extrair deles tédio e desânimo com o seu nome. Você precisa se destacar e mostrar seu valor. O currículo é sua primeira imagem e precisa ser bem elaborado para conquistar a passagem para a próxima etapa – a entrevista. Se o currículo não estiver alcançando isso, ele está com problemas e precisa ser refeito!

Vamos considerar, então, alguns detalhes que precisam constar em seu currículo, mas sem que isso represente regras obrigatórias. Cada pessoa é um ser humano diferente, portanto, cada currículo também pode e deve ser distinto.

Um bom ponto de partida

Além do seu nome e idade, é importante que você cadastre no currículo os dados de contato para que possa ser localizado com facilidade.

Na maioria das vezes, é suficiente apenas seu endereço, um número de telefone pessoal (celular) e o e-mail. Muita atenção para e-mails do tipo "*gatinha@miau.com.br*" ou "*gostosão@meliga.com.br*", eles podem ser divertidos, mas não combinam com ambiente corporativo. Melhor é criar um e-mail com seu nome e sobrenome. Uma prática que está se tornando comum é a apresentação de uma foto no seu currículo, pois, mesmo não sendo obrigatória, é uma excelente dica para ajudar a lembrar de seu perfil diante do crescente número de candidatos aos empregos.

Atualmente, também, algumas empresas começam a pedir o endereço do perfil nas redes sociais, principalmente no Twitter, Linkedin e Facebook, afinal, eles também estão se transformando em meios de comunicação pessoal e, além disso, fornecem dados complementares sobre o candidato. Por isso, fique alerta com o que publica em seu perfil pessoal, pois mesmo que você não coloque o endereço no seu currículo, os recrutadores irão pesquisar seu nome nas redes sociais e tudo que estiver lá será acrescentado na sua avaliação.

> **Exemplo:**
>
> **José Carlos da Silva**
> Nasc.: 24/12/85
> Telefones – (011) 99991-9999 e
> (011) 5999-9999
> Email – josecdsilva@provedor.com.br
> Twitter - @joseCdSilva222
> Facebook – http://www.facebook.com/
> joseCdSilva222

Trajetória profissional

Suas realizações são as melhores referências das suas possibilidades. Nessa hora, vale registrar tudo que você já fez em sua vida. Mesmo que profissionalmente tenha poucas experiências, algumas daquelas que você obteve durante o período escolar também contam, principalmente em trabalhos voluntários, empresas juniores, diretórios acadêmicos e viagens de intercâmbio.

Não se limite apenas em registrar o nome da empresa, o tempo de trabalho e o cargo. O ideal é registrar as experiências de maneira descritiva (como se estivesse conversando), de modo que sua trajetória seja identificada com uma linha do tempo, em que os locais e cargos são apenas uma parte do processo que o levou a alcançar as competências que apresenta para o novo empregador.

É importante, nesse momento, apresentar também os resultados de suas realizações individuais ou daquelas alcançadas em sua participação em um time de profissionais; nesse caso, é válido destacar qual foi a sua contribuição efetiva. Esse é o melhor momento para você destacar suas habilidades específicas, contudo, evite descrever apenas as tarefas e rotinas. Apresente sempre as competências que alcançou para que o entrevistador possa identificar seu perfil profissional.

Exemplo de trajetória profissional

- Iniciando suas atividades profissionais no Banco XXX em março de 2001 e ocupando vários cargos alcançou a gerência em 2006, ingressando em um Plano de Formação e Aperfeiçoamento Gerencial.

- Como Gerente, teve a oportunidade de trabalhar em grandes agências na cidade de São Paulo, destacando sua atuação na agência XXX, onde pôde adotar com sucesso um projeto com uma atuação focalizada no segmento comércio. Com essas atividades, obteve uma grande experiência em atendimento e engenharia financeira.

Em 2009, participou de um projeto inovador com uma agência modelo que representava um conceito ousado e moderno de atendimento de clientes, e teve como reconhecimento a oportunidade de ser o primeiro gerente daquela casa que, em dois anos de funcionamento, já era uma das cinco maiores e mais rentáveis agências de São Paulo.

Em 2011, foi designado Gerente Regional em São Paulo, ficando sob sua responsabilidade 92 gerentes em 22 agências. Nessa posição, obteve autorização da Diretoria de Sistemas para criação de um projeto piloto com o objetivo de introduzir inovações tecnológicas naquela Gerência Regional, servindo tal modelo para a informatização de todas as 50 gerências regionais no Brasil.

Cada pessoa é um ser humano diferente, portanto, cada currículo também pode e deve ser distinto.

Trajetória acadêmica

Nesse campo vale apenas ser objetivo e claro. Não é preciso descrever todas as instituições de ensino que você frequentou desde o jardim da infância, ou seja: se você está cursando uma faculdade, não há a necessidade de descrever os colégios onde completou o ensino fundamental e médio, pois estar na universidade já estabelece que essas etapas foram cumpridas.

Descreva sempre o título do curso, a instituição de ensino e o período. No caso de ser um curso concluído, basta apenas descrever o ano de início e o de término. Quando estiver em curso, apresente o ano de início e a previsão para conclusão.

Este é o melhor momento para você apresentar também outros cursos e estudos que realizou de modo complementar, como conhecimentos técnicos específicos, qualificações em processos e cursos de idiomas. Nessa hora, é importante destacar o que é realmente relevante e diferenciado. Lembre-se que conhecimentos de "informática", "pacote Office" e "internet" já não diferenciam mais ninguém.

Em algumas circunstâncias, a empresa poderá exigir as comprovações dos cursos através de certificados, contudo, eles só devem ser apresentados quando solicitados.

Exemplo de trajetória acadêmica

- **Administração de Empresas**
  Universidade da Cidade – 2004-2008.

- **Curso de Matemática Financeira**
  Escola Técnica da Cidade – 2004-2004 –
  nível – intermediário.

- **Especialização em Gestão Financeira**
  Escola de Negócios da Cidade – 2009-2011.

- **Mestrando em Gestão de Negócios**
  Escola de Negócios da Cidade – 2012 –
  cursando (final em 2014).

- **Conversação e escrita em inglês**
  Escola de Idiomas da Cidade – 2003-2009 –
  nível – fluente.

- **Conversação e escrita em espanhol**
  Escola de Idiomas da Cidade – 2010-2012 –
  nível – intermediário.

Atenção aos detalhes

É fundamental revisar seu currículo e é melhor que isso seja feito por alguém de sua confiança. Erros de ortografia e concordância podem destruir qualquer possibilidade de conquistar uma entrevista.

Muito cuidado com os artifícios estéticos que podem transformar seu currículo numa peça alegórica. Abusar de recursos como negritos e caixa alta, assim como usar folhas coloridas ou perfumadas é totalmente condenável.

Ser objetivo é uma regra simples que vale a pena ser seguida. Tente limitar suas informações em até duas páginas, mas não use letras minúsculas que dificultem a leitura do recrutador. Saber escolher as próprias informações que merecem destaque expõe uma característica excepcional em qualquer profissional, pois demonstra capacidade de síntese e de escolha.

É importante destacar que demissões e rebaixamentos, problemas financeiros, tratamentos e doenças que incapacitaram para o trabalho em algum momento devem ser apresentadas somente nas eventuais entrevistas e não no currículo, pois quase sempre esse tipo de informação necessita de contextualização para que possa ser mais bem entendida.

Seu currículo não irá garantir um emprego, mas se ele não for bem elaborado, pode diminuir muito suas chances de conquistar algum no mercado.

Vida Digital
a entrevista começa nas redes sociais

• ● • ● • •

Não tem mais jeito, as redes sociais fazem parte do dia a dia das pessoas. Os relacionamentos atingiram um grau de complexidade tão grande que somente através das redes é possível dar conta de tantos contatos. Todos querem se conhecer, ou pelo menos manter uma fina camada superficial de conexão que permita se atualizar sobre a vida de outras pessoas. As alternativas de redes sociais são diversas, desde redes especializadas, até redes genéricas em todos os segmentos da sociedade.

Ter uma presença, um posicionamento, um perfil em redes sociais tornou-se absolutamente indispensável para qualquer pessoa que queira crescer no mercado. Optar por não gerenciar as informações que são publicadas é um risco enorme, pois os mecanismos são bastante acessíveis e, somando-se a isso, a própria dinâmica da internet naturalmente faz com que você acabe sendo mencionado de alguma forma, mesmo que indiretamente.

Isso tudo provoca grandes mudanças nos relacionamentos, até mesmo entre o empregador e o empregado. O maior impacto se dá na comunicação. As novas tecnologias estão transformando completamente a linguagem com um novo conceito que é a conectividade. Todos podem se conectar sem necessariamente se comunicarem.

Todo processo de troca de informações agora está sendo adaptado às conveniências pessoais, uma vez que o acelerado ritmo de vida transformou completamente a forma de as pessoas estabelecerem suas prioridades. Essa tecnologia criou facilidades surpreendentes, mas há um efeito colateral que é a superficialidade nos relacionamentos. As pessoas estão mantendo seus "universos individuais" através dos seus equipamentos e concentrando os relacionamentos por meio de redes sociais.

Esse cenário é irreversível e se amplia diariamente, pois atualmente a tecnologia permite ter acesso às redes sociais através de diversos meios a custos cada vez mais acessíveis.

> Ter uma presença, um posicionamento, um perfil em redes sociais tornou-se absolutamente indispensável para qualquer pessoa que queira crescer no mercado.

A incorporação das redes sociais na vida profissional atinge as pessoas de maneiras bem antagônicas. A primeira é a evidente vantagem que se tem em estabelecer conexões pessoais produtivas, com possibilidades claras de ampliar as oportunidades profissionais. Também há a desvantagem provocada pela distração que o despertar do interesse em assuntos diversos (muitas vezes, irrelevantes) traz, o que leva a uma perda de eficiência profissional.

Evidentemente, isso não passa despercebido dos gestores, que não relutam em aplicar mecanismos de controle, mesmo que, frequentemente, eles sejam ineficientes.

Sabemos que é possível prestar atenção em muitas coisas ao mesmo tempo, porém, o preço a se pagar é a superficialidade, ou seja, haverá consequências para a quantidade de tarefas simultâneas. Não há uma quantidade determinada de ações que podemos empreender ao mesmo tempo, esse número sempre irá depender do tipo de atenção que a atividade exige.

Um exemplo é conversar com alguém enquanto se anda de bicicleta, são atividades perfeitamente compatíveis, pois funcionam com áreas diferentes do cérebro. Agora, se as atividades exigem os mesmos recursos do cérebro, as consequências podem representar prejuízos irreversíveis, como é o caso de uma pessoa que sofre um acidente por estar enviando mensagem no celular enquanto dirige seu automóvel.

Grande parte das pessoas assume suas vidas digitais ignorando consequências reais, acreditando estar agindo anonimamente. Esse é um grande engano, pois é justamente no mundo virtual que se deixa o maior número de rastros de seu comportamento. Claro que há grandes benefícios, mas devemos lembrar que a internet é apenas uma ferramenta para alcançá-los, portanto, devemos ter controle sobre o seu uso. Quando perdemos esse controle, criamos uma realidade distorcida, com consequências intensas em nossas vidas.

Grande parte das pessoas assume suas vidas digitais ignorando consequências reais, acreditando estar agindo anonimamente.

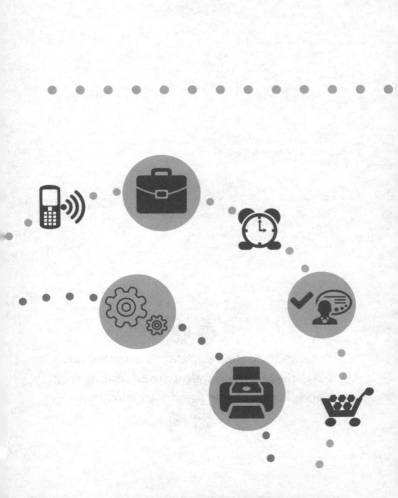

Quer mesmo
mudar de emprego?

● ● ● ● ● ●

Pronto, aconteceu... Você recebeu uma proposta para mudar de emprego e agora tem que tomar uma decisão. A ideia já havia passado por sua mente algumas vezes, quando a pressão estava muito intensa e seu chefe parecia não perceber.

Foi mais um daqueles momentos difíceis em que você, talvez em uma atitude de silenciosa vingança, chegou até a pensar em cadastrar seu currículo em um site de empregos, mas, sentindo-se um "traidor", abandonou a ideia e decidiu apenas atualizar o seu perfil no Linkedin.

Olhando a rede social, é fácil perceber que não é só você que está sondando o mercado. Muitos colegas, de outros tempos, já se movimentaram e isso só aumenta a sensação de que se está ficando de fora. Parece que "saiu de moda" ficar muito tempo na mesma empresa.

Você deve aceitar a proposta simplesmente porque agora é assim? Talvez não, pois isso parecerá muito imaturo se não for por razões mais estratégicas do que apenas "seguir uma tendência de mercado".

E quanto à possibilidade de falar com o chefe sobre a proposta? Esse parece ser o caminho mais lógico inicialmente, contudo, se o chefe não tiver maturidade para entender seu processo de crescimento profissional, há um grande risco, afinal, nenhuma possibilidade de ruptura é recebida com alegria. Por isso, se a conversa não for muito objetiva ou seus argumentos forem mal direcionados, pode acontecer até de você acabar sendo discriminado como um "mercenário" que busca apenas os próprios interesses.

O que fazer então?

Olhando a rede social, é fácil perceber que não é só você que está sondando o mercado.

> Avalie muito bem o que pode
> alcançar com a nova possibilidade.

Primeiro, livre-se de qualquer sentimento estranho com relação à proposta, afinal, estamos em um momento de crescimento econômico e a competitividade faz que os profissionais sejam disputados pelo mercado.

Segundo, avalie muito bem o que pode alcançar com a nova possibilidade. Você precisa colocar em sua decisão fatores como crescimento profissional, desenvolvimento mediante desafios e autonomia para inovação. Lembre-se que o eventual benefício financeiro – normalmente mais sedutor – é parte do processo de conquista, por isso não deve representar o único fator para sua decisão.

Terceiro, considere as possibilidades em seu atual emprego, pois nele já existe uma rede de relacionamentos à sua volta e você já conhece muito a dinâmica de trabalho. O nome disso é "conhecimento tácito", atualmente o principal fator na aceleração de uma carreira profissional.

Por fim, lealdade é um valor extremamente importante em qualquer relacionamento, portanto, seja sempre leal, principalmente na sua relação com seus próprios objetivos.

PARTE 2

AS PROFISSÕES DO FUTURO

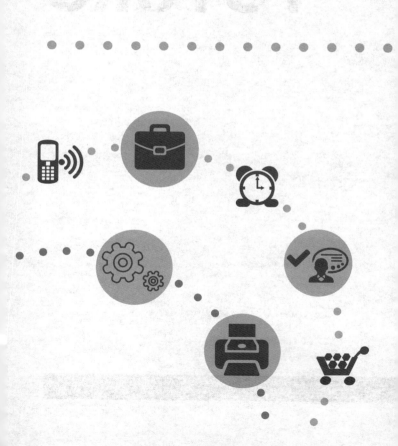

As que você
sempre ouviu falar

• • • • • •

Algumas profissões são tão conhecidas e familiares que talvez você não tenha imaginado que as encontraria neste livro. É difícil encontrar algum indivíduo que não conheça alguém muito próximo que ocupe uma dessas funções. Mais do que isso, uma possível pressão familiar ou influência sobre a decisão dos filhos geralmente são relacionadas às profissões mais antigas e conhecidas, aquelas que os pais exerceram ou que transmitem maior grau de segurança por serem velhas conhecidas da sociedade.

O que poucos sabem é que essas profissões tão familiares aos nossos ouvidos possuem nichos e especializações altamente atraentes e que as colocarão em evidência nos próximos anos. Uma inesgotável expansão de segmentos pouco explorados em cada uma delas demanda profissionais mais especializados e singulares.

De fato, para toda profissão ou área de atuação temos, nos dias atuais, o desafio de tornar intensiva a busca por conhecimento e, desse modo, explorar as melhores oportunidades que cada uma delas oferece.

Elegemos quatro dessas tradicionais profissões: Administração, Direito, Engenharia e Medicina. Vamos falar um pouco sobre elas:

Administração

Com certeza é uma das mais abrangentes e mais procuradas profissões do mercado, pois possui maior variação de possibilidades, além de grande flexibilidade de manobras entre áreas de atuação. Ser administrador é ter um passaporte para ingressar em incontáveis mercados, seja como empregado, seja como empreendedor. A amplitude do curso permite ainda a possibilidade de cursar faculdade em outros países, mesmo que se pretenda exercer a profissão no Brasil.

O curso de Administração visa formar não apenas administradores de empresas e organizações, mas também profissionais focados em gestão de negócios, entre outras possibilidades.

Em termos de cargos, o interessado na área ocupará inicialmente posições de auxiliar, assistente ou analista, evoluindo para posições de coordenação, supervisão, gerência e direção. Se desejar caminhar na carreira de empreendedor, precisará desenvolver muita ousadia, determinação e um bom plano de negócios como estratégia. Nesse caso, pode conseguir orientações sobre os primeiros passos em entidades como SEBRAE (Serviço Brasileiro de Apoio às Micro e Pequenas Empresas) ou buscar o auxílio de incubadoras de negócios.

Principais áreas de atuação

Essa é uma área que permite ao profissional trabalhar em praticamente todos os departamentos de uma empresa, tais como recursos financeiros, materiais, humanos e mercadológicos. Por isso, o administrador sempre encontrará vagas de emprego em bancos e instituições financeiras, mercado de capitais e riscos, organizações públicas, ONGs, consultorias, empresas de bens de consumo, sem falar na oportunidade de ser empreendedor e administrar o próprio negócio.

Faixa salarial

O salário de um administrador em início de carreira oscila de R$ 1,8 mil a R$ 2,8 mil. No auge, em posições diretivas, o salário pode ultrapassar valores que variam de R$ 15 mil a R$ 20 mil.

Como chegar lá?

Existem cursos de Administração nas mais conceituadas universidades do Brasil, públicas e privadas. O bacharelado em Administração é o curso com maior número de formandos a cada ano.

Os estudantes e recém-formados podem iniciar suas carreiras candidatando-se às vagas que as maiores empresas do país, multinacionais e setor público oferecem em seus programas de estágio e trainee.

O que a torna especial no contexto atual?

Os administradores nunca saíram de moda, sempre foram necessários na economia por sua versatilidade e pluralidade. O diploma permite ainda que o profissional se especialize em diversas áreas, por meio de cursos de pós-graduação ou especialização, o que pode torná-lo ainda mais competitivo e procurado, principalmente em alguns segmentos que estão crescendo nos últimos anos.

Ser administrador é ter um passaporte para ingressar em incontáveis mercados, seja como empregado, seja como empreendedor.

Novas áreas de atuação

Novas oportunidades estão surgindo para os administradores graças à expansão econômica do país. Por exemplo, o gestor de fortuna é uma profissão que está crescendo junto com a renda da população. Esse profissional pode trabalhar em consultorias, fundos de investimentos e bancos administrando as fortunas do investidores.

Outra profissão que está crescendo junto com a economia é o gestor de propriedades rurais. O agronegócio é responsável por cerca de um terço do Produto Interno Bruto (PIB) do Brasil e quase metade das exportações. Por isso, cada vez mais esse profissional está sendo procurado, pois ele gerencia as atividades de uma propriedade desde o cultivo ou criação até a comercialização e logística de distribuição e armazenagem dos produtos. O bacharel em administração pode especializar-se e fazer uma pós-graduação nos ramos da agricultura, pecuária, piscicultura e até reflorestamento, pois são atividades que estarão em alta e com perspectivas de crescimento para os próximos anos.

Direito

Tratando-se de um profissional que atua na mediação de conflitos e na defesa de interesse entre partes em processos judiciais, pode se dizer que é uma profissão sempre necessária em nossa sociedade. Possui relevância para a manutenção da ordem pública e para o interesse social, uma vez que garante a efetivação da cidadania.

Os campos do Direito são muitos e, assim como a Administração, algumas especializações serão altamente valorizadas nos próximos anos. Além de atuar em escritórios de advocacia, como profissional liberal ou como executivo em empresas privadas, um advogado pode ainda optar pela carreira pública, que além das opções já conhecidas no Ministério Público, na Magistratura e no Judiciário em geral, está surgindo uma crescente demanda por esse profissional nas empresas de capital público como a Petrobras, BNDES e outras tantas. Sempre com os conhecidos salários, benefícios competitivos e a estabilidade profissional.

Principais áreas de atuação

Assim que um advogado se forma ele tem um leque de opções para atuar e desenvolver a sua carreira, seja dentro de um escritório de advocacia ou de empresas. Uma das principais áreas de atuação de um advogado é o direito **civil**, no qual o profissional representa interesses individuais e particulares em ações referentes à posse de bens e propriedades, questões familiares, como divórcios e heranças, ou transações de compra e venda.

Outra área do direito muito comum é a **penal** ou **criminal**, em que o profissional prepara e apresenta

> Os campos do Direito são muitos e, assim como a Administração, algumas especializações serão altamente valorizadas nos próximos anos.

a defesa ou acusação em ações referentes a crimes ou contravenções contra pessoas físicas e jurídicas.

Entre as áreas, ainda temos o direito **comercial**, que consiste em aplicar as legislações federal, estaduais e municipais na abertura, no funcionamento e no encerramento de estabelecimentos comerciais; o direito **do consumidor**, que trata de aplicar as normas e direitos dos cidadãos perante fornecedores de bens e serviços; o direito **administrativo**, que se estabelece ao aplicar a legislação que regulamenta os órgãos e poderes públicos em sua relação com a sociedade; o direito **tributário**, no qual o profissional cuida de princípios e normas relativos à arrecadações de impostos e taxas cobradas pelos órgãos fiscalizadores; o direito **trabalhista e previdenciário**, que consiste em representar empresas ou pessoas em ações entre empregado e empregador, nas questões sindicais ou naquelas relativas à previdência social.

Faixa salarial
O rendimento de um advogado varia bastante dependendo da área escolhida, mas no início de carreira pode variar entre R$1,5 mil e R$3 mil e no auge ultrapassar os R$ 30 mil.

Como chegar lá?
Universidades públicas e privadas do país inteiro oferecem o curso de bacharelado em Direito. Mas para poder exercer a profissão de advogado, o bacharel em Direito precisa passar na prova da Ordem dos Advogados do Brasil (OAB). Caso o profissional queira prestar um concurso público e tornar-se um juiz, ele precisa estar inscrito há pelo menos dois anos na OAB.

Para iniciar suas carreiras, os estudantes encontram oportunidades de estágio em empresas, escritórios e órgãos públicos. Algumas vagas como trainee podem ser encontradas nas áreas jurídicas de grandes empresas, mas não são tão comuns.

Novas áreas de atuação
Algumas novas áreas atuação e outras opções de carreira estão surgindo também no Direito, como é o caso do direito **ambiental**, que lida com questões que envolvem a relação do homem com o meio ambiente, por exemplo, a deterioração da natureza provocada pelas atividades de uma indústria.

Outra área que está ganhando destaque, principalmente nos últimos anos com os avanços tecnológicos e o uso de redes sociais, é o direito **digital**, que aplica as normas jurídicas aos crimes de internet. Esse é um campo bastante novo e até mesmo a legislação ainda é limitada, o que representa uma grande oportunidade para profissionais que pretendem ocupar espaço em um campo inovador e promissor.

Com o crescente número de empresas se globalizando e ampliando seus negócios em outros países, podemos também citar o direito de **negócios internacionais**, que visa resolver disputas comerciais, fiscais e aduaneiras entre países ou empresas e instituições de diversas nacionalidades.

Engenharia

Nunca se precisou tanto de engenheiros qualificados como atualmente. Também nunca se viu tantos engenheiros atuando fora da sua área de formação, como em marketing ou finanças. Possuir um diploma de engenheiro é ser visto no mercado como alguém que, de certa forma, possui habilidade para trabalhar com números e realizar cálculos com facilidade.

O conceito de engenharia expande-se a cada ano e novas especializações surgem de acordo com as demandas da sociedade. As mais comuns, como civil, elétrica, produção, manutenção e química continuam com boa demanda, mas são nas mais novas especializações que as oportunidades se multiplicam.

O país passa por um momento em que grandes mudanças de infraestrutura precisam ser realizadas, tornando a conhecida engenharia como uma profissão de futuro no presente.

Eventos como a Copa do Mundo e as Olimpíadas impactam positivamente nas oportunidades de emprego para engenheiros. Desafios de infraestrutura, telecomunicações, energia e logística são latentes e já demandam muitos investimentos e profissionais qualificados.

Principais áreas de atuação

Existem algumas áreas da engenharia que são mais tradicionais, mas não significa que estão saturadas, pelo contrário, também estão carentes de pessoal qualificado. Entre elas podemos destacar a **engenharia civil**, ramo que projeta, gerencia e executa obras como casas, edifícios, pontes, viadutos, estradas, portos; **engenharia de materiais**, área voltada para pesquisa de matérias e de novos usos industriais para os materiais já existentes. Esse profissional atua na gestão, supervisão e orientação de projetos e processos de produção, transformação e uso de materiais; **en-

genharia industrial, atividade que cuida dos recursos necessários à produção industrial. Este engenheiro acompanha de perto a instalação e a manutenção da infraestrutura industrial.

Ainda temos a **engenharia de telecomunicações**, segmento que se ocupa do projeto, da operação e da manutenção de equipamentos e sistemas de telecomunicações, como cabeamentos aéreos e subterrâneos, satélites artificiais, centrais de transmissão, captação, codificação e retransmissão dos sinais que interligam as pessoas e empresas; **engenharia aeronáutica**, ramo que se ocupa com projeto e manutenção de aeronaves e do gerenciamento de atividades aeroespaciais. Esse profissional se envolve no projeto e construção de aviões, helicópteros, foguetes e satélites; **engenharia de alimentos**, área responsável pelos conhecimentos usados na fabricação, conservação, armazenamento e transporte de alimentos industrializados. O engenheiro de alimentos atua em escala industrial, cuidando de todas as etapas de preparo e conservação de alimentos de origem animal e vegetal.

Faixa salarial

O rendimento de um engenheiro é bastante variável, dependendo da área escolhida, mas no início de carreira pode ficar entre R$ 3 mil e R$ 5 mil e no auge chega a ultrapassar os R$ 35 mil.

Como chegar lá?

O curso de bacharel em Engenharia é oferecido nas melhores universidades do Brasil, públicas e privadas. Na maioria das instituições o estudante precisa saber qual área de atuação deseja seguir antes mesmo de entrar na faculdade.

As grandes empresas do país, multinacionais e o setor público oferecem inúmeras oportunidades de estágio e trainee. Com a atual demanda, muitas empresas já realizam o recrutamento de profissionais ainda na universidade, auxiliando a entrada do estudante no mercado de trabalho.

Novas áreas de atuação

As crescentes mudanças climáticas e as alterações nas normas de preservação do meio ambiente, que promovem o desenvolvimento sustentável, fizeram surgir novos segmentos como a **engenharia ambiental**, voltada para o desenvolvimento econômico sustentável da exploração dos recursos naturais. O profissional dessa área desenvolve e aplica diferentes tecnologias para proteger o ambiente dos danos causados pelas atividades humanas; a **engenharia de energia**, segmento que desenvolve pesquisas e projetos que priorizam soluções sustentáveis para obtenção de energia limpa, como a energia eólica, por exemplo. Esse profissional cuida da construção, da manutenção, da análise e da operação de sistemas mecânicos não poluentes, além de também estar habilitado para gerir atividades nas áreas de tecnologia não poluentes e energias renováveis, emissão de laudos, pareceres e avaliações acerca de construções e sistemas; a **engenharia madeireira**, área responsável por transformar a madeira com o mínimo de perdas nos mais diversos insumos, desde carvão, móveis, casas, utensílios, papel e até energia.

Outro novo ramo da Engenharia que está em extrema expansão, até pelo momento em que o país vive com as novas descobertas do pré-sal e a busca por combustíveis mais sustentáveis, é a **engenharia de óleo e gás**, que forma profissionais aptos a atuar nas diferentes fases da cadeia produtiva do petróleo, do gás natural e do biocombustível.

Medicina

O sensível aumento na expectativa de vida da população mundial deve-se em grande parte à Medicina e seus avanços. Esse é um ramo profissional sempre muito inovador, no qual as novas técnicas encontram aplicações práticas na vida de todas as pessoas. É uma carreira sempre promissora e muito desejada por profissionais, pois possui amplas possibilidades. O desenvolvimento da carreira segue um padrão básico em que o graduado em Medicina opta por ser um médico generalista ou especialista em algum campo. Pode escolher ainda atender indivíduos ou comunidades e atuar em grandes hospitais e clínicas ou em consultórios particulares. Para exercer suas atividades, deve ter formação amparada pela residência médica ou outra modalidade de especialização reconhecida pelo Conselho Federal de Medicina (CFM) e pela Associação Médica Brasileira (AMB).

Mesmo sendo uma tradicional carreira, muitas oportunidades ganharam destaques nos últimos anos. Vejamos algumas:

Estudar e trabalhar fora dos grandes centros urbanos

Muitas regiões no país têm dificuldades em atrair médicos especializados, e isso cria grandes oportunidades para médicos recém-formados e residentes que tenham a estratégia de acelerar suas carreiras.

Biomedicina

Os grandes avanços na pesquisa biomédica colocam para as próximas décadas desafios ainda maiores, pois, à medida que a biotecnologia se afirma como indústria, surgem novas oportunidades de negócio na área da saúde para profissionais que se dediquem a esse segmento.

Medicina personalizada

A customização no atendimento é apontada como a grande revolução na área da saúde nos próximos anos.

É um conceito novo, que vem sendo destacado com importância nas práticas científica e clínica das principais escolas de medicina e instituições de saúde.

Nanomedicina

Consiste em usar nanopartículas, nanorobôs e outros elementos em escala nanométrica para curar, diagnosticar ou prevenir doenças. A nanomedicina é um dos ramos mais promissores da Medicina contemporânea, retendo boa parte dos esforços científicos na busca de novos tratamentos para doenças como o câncer e a AIDS, entretanto, esse é um ramo da Medicina que ainda depende de muitos avanços científicos e tecnológicos, ou seja, é uma excelente oportunidade para profissionais inovadores.

Principais áreas de atuação

Assim que o médico se forma, pode escolher se especializar e fazer a residência em diversas áreas que são tradicionais da medicina.

A customização no atendimento é apontada como a grande revolução na área da saúde nos próximos anos.

Vamos citar apenas algumas como exemplo. A **ortopedia**, responsável pelos ossos e músculos do corpo humano; **dermatologia**, área que cuida da pele; **cardiologia**, segmento responsável pelo coração; **oncologia** ou **cancerologia,** especialidade que estuda os tumores; **pediatria**, área dedicada à assistência à criança e ao adolescente; **radiologia**, especialidade responsável por exames e diagnósticos por imagens; **geriatria**, ramo focado no estudo, prevenção e tratamento de doenças em pessoas com idades avançadas; **infectologia**, especialidade dedicada à doenças infecciosas; **endocrinologia**, segmento focado nos distúrbios hormonais e de metabolismo.

Há muitas outras especializações, o que torna essa carreira uma das mais amplas e diversificadas e, evidentemente, uma das mais cobiçadas do mercado.

Faixa salarial
Como residente, os ganhos oscilam entre R$ 2,3 mil e R$ 3,5 mil e, no auge da carreira, o médico pode facilmente ultrapassar os R$15 mil. Uma pequena parcela de médicos, diante de suas reconhecidas especialidades, pode literalmente cobrar o quanto quiser e assim garantir ganhos muito mais elevados.

Como chegar lá?
Para se tornar um médico é preciso cursar uma faculdade de Medicina, oferecida pelas melhores

universidades públicas do país e por algumas instituições privadas.

Os estágios nessa área são obrigatórios e são realizados em forma de internato nos próprios hospitais universitários ou em hospitais conveniados com as faculdades, durante os últimos dois anos do curso.

Após terminar a faculdade, o médico que deseja fazer alguma especialização precisa fazer residência médica na área escolhida. A residência, feita em hospitais credenciados pela Comissão Nacional de Residência Médica, possui o mesmo status de uma pós-graduação. Para conseguir ingressar na residência médica, o profissional precisa ser aprovado em um exame tão concorrido quanto o vestibular.

O Conselho Federal de Medicina reconhece até duas especializações por médico.

Novas áreas de atuação

Algumas especialidades da Medicina são um pouco mais novas que as mais conhecidas e tradicionais e vêm ganhando espaço por causa das novas características e necessidades da população brasileira, como é o caso da **biomedicina**, área dedicada às pesquisas das doenças humanas, suas causas e os meios de curá-las. Esse profissional identifica, classifica e estuda os microrganismos causadores de enfermidade e procura medicamentos e vacinas para combatê-los.

Também podemos destacar como um ramo muito promissor da Medicina a **nanomedicina**, que é o uso de nanopartículas, nanorrobôs e outros elementos em escala nanométrica para diagnosticar, prevenir e curar doenças. Essa especialidade é um grande desafio para seus profissionais, pois parte de seus esforços científicos está voltada para a busca de novos tratamentos para doenças como o câncer e a AIDS.

Outro segmento muito interessante, que não é muito novo, mas tem ganhado espaço nos últimos tempos é o da **medicina legal**, área que utiliza conhecimentos tecnocientíficos da Medicina para esclarecer fatos de interesse da justiça. O profissional que atua nessa especialidade é o médico legista, os chamados peritos oficiais previstos no Código de Processo Penal brasileiro.

Mergulhe em um campo
desconhecido e abra sua mente
para novas possibilidades!

As que você
nunca ouviu falar

• • • • • •

A rapidez com que o mundo se transforma e se reinventa promove significativas mudanças nas profissões e nos tipos de cursos disponíveis no mercado. Assim, apresentaremos agora profissões que você talvez nunca tenha ouvido falar.

São muitas vezes bem específicas, a ponto de serem oferecidas em raríssimas universidades pelo Brasil. Por ainda se tratar de cursos com pouca repercussão e dados disponíveis, pesquisas mais profundas sobre o campo de trabalho, cursos oferecidos e oportunidades são sempre bem-vindas antes de uma tomada de decisão.

Mergulhe em um campo desconhecido e abra sua mente para novas possibilidades!

Gestor de Resíduos/ Lixólogo

O gestor de resíduos ou lixólogo é o profissional que tem o desafio de proporcionar um fim sustentável para a crescente quantidade de lixo produzida no mundo, de modo a afetar da menor maneira possível o bem-estar da população.

Esse especialista deve se preocupar não apenas com o lixo doméstico, mas também em oferecer soluções para o gerenciamento de todos os tipos de detritos (sólidos, líquidos ou gasosos) que são direcionados para o meio ambiente.

O maior desafio é não apenas criar uma nova funcionalidade para os resíduos, mas também desenvolver melhorias na produção de fontes energéticas alternativas e na conversão dos resíduos em energias limpas.

Principais áreas de atuação

O gestor de resíduos encontrará demanda de trabalho em empresas de médio e grande porte, hospitais e indústrias que precisam gerenciar seus detritos. É o caso especialmente do mercado de indústrias químicas e de saneamento que está em franco crescimento. Esse gestor também encontrará uma forte demanda de empresas que precisam dar direcionamento sustentável ao lixo produzido durante eventos como congressos, feiras temáticas ou jogos esportivos. Nas grandes metrópoles já existem, inclusive, diversos "lixólogos" caminhando para iniciativas empreendedoras, construindo suas próprias usinas de reciclagem de materiais com envolvimento de comunidades de catadores de lixo.

Faixa salarial

Os lixólogos ou gestores de resíduos têm salários que variam entre R$ 8 mil e R$ 12 mil, trabalhando em grandes empresas. Já aqueles que partem para empreender seu próprio negócio podem alcançar ganhos mensais superiores a R$ 50 mil, dependendo, é claro, do tipo e do volume de lixo processado.

Como chegar lá?

Embora ainda não exista um curso de graduação em gestão de resíduos no Brasil, há alguns cursos de pós-graduação sobre tratamento e disposição de resíduos, destinados a engenheiros ambientais, químicos e biólogos que queiram se especializar.

Também não existem programas de estágio e trainee específicos para gestores de resíduos ou lixólogos, mas há muitas vagas no mercado para estudantes e recém-formados em engenharia que se interessam pela área.

Por que é uma profissão do futuro?
Com a concentração da população em grandes centros urbanos, a produção de lixo torna-se um problema mundial e demanda cada vez mais o desenvolvimento de soluções criativas. Esse cenário tem ampliado o debate globalmente e muitos países estão buscando soluções mediante uma legislação mais rígida, exigindo, portanto, profissionais preparados para gerir os recursos e dar destinação correta e segura ao lixo, desde o industrial até o residencial.

Agroecologia

As principais funções desse especialista são o estudo e a introdução de formas de agricultura sustentável, o que o habilita a trabalhar na formação de culturas de alimentos ou na fiscalização e certificação de cultivos existentes. A ampliação da rigidez na legislação contra a ameaça aos ecossistemas é o fato que gera maior demanda por profissionais aptos a capacitar agricultores em formas de cultivo que preservem o meio ambiente.

Para se tornar um especialista em agroecologia, o profissional precisa ter necessariamente graduação em agronomia ou engenharia ambiental, mas isso não é o bastante. Precisa dedicar sua formação complementar e aprimorar os conhecimentos nos campos de gestão de pessoas e tecnologia.

Principais áreas de atuação

O agroecologista pode trabalhar em órgãos públicos, capacitando agricultores para produzir de modo ecologicamente correto, além de poder atuar como consultor em empresas que capacitam produtores rurais a obter certificação em sustentabilidade. Algumas cadeias de restaurantes e indústrias de alimentos e até de cosméticos, preocupadas com a origem de sua matéria-prima, contratam esse profissional para gerenciar toda cadeia produtiva de seus negócios.

Faixa salarial

Com a alta demanda e a escassez de profissionais, os salários dos especialistas em agroecologia podem girar entre R$ 3 mil, para recém-formados, e R$ 15 mil após cinco anos de experiência na área.

Como chegar lá?

Existem, no Brasil, cursos de bacharelado e tecnológico em Agroecologia, ambos darão noções básicas de Química, Biologia e Física, além de disciplinas específicas como Extensão Rural e Sistemas de Produção Sustentável.

Agrônomos e engenheiros ambientais, que se interessarem por essa área, podem complementar a formação com conhecimentos de tecnologia e gestão de pessoas.

Não há ainda registros de programas de estágio e trainee específicos para agroecologistas. No entanto, podemos observar muitas vagas de assistentes de nível técnico ou superior que estão cursando ou já são graduados em agronomia ou engenharia ambiental.

Por que é uma profissão do futuro?
É cada vez maior a preocupação com os impactos que a expansão da agricultura e da pecuária podem causar no meio ambiente, principalmente em ecossistemas importantes, como o do Pantanal e da Amazônia. Por isso, o agroecologista será um profissional muito procurado no futuro, para que as práticas rurais não acarretem em mais desequilíbrio ambiental.

Gerontólogo

Atualmente, eles são 20 milhões. Em 2050, serão quase 65 milhões. Com o envelhecimento da população brasileira, é inevitável pensar em quem irá cuidar e atender todos esses indivíduos que atingirão até lá a casa dos 60 ou 70 anos.

A atividade de gerontólogo ainda não é regulamentada e não possui um conselho profissional específico, contudo, nesse cenário de evolução da faixa etária do país, esse campo de atuação tende a ganhar espaço significativo, com a devida regulamentação formal e com cursos de graduação e especialização que formem profissionais preparados para funções tão distintas como prestar serviços exclusivos ao idoso ou, até mesmo, assessoria a instituições previdenciárias.

Principais áreas de atuação

O gerontólogo trabalhará com grupos específicos como idosos solitários, dependentes fisicamente ou mesmo abandonados pelas famílias. Em muitos casos será contratado pelos governos para auxiliar na atenção a moradores de rua e a portadores de necessidades especiais. Os locais de trabalho são múltiplos, desde hospitais, ambulatórios e clínicas especializadas até centros de saúde e convivência, casas de família e organizações não governamentais. O profissional poderá também lecionar em cursos específicos de tratamento e cuidado de idosos, auxiliar o governo no desenvolvimento de políticas públicas e programas educativos para o bem-estar da terceira idade, além de atuar com pesquisas em instituições de ensino superior.

Faixa salarial

Para os recém-formados, a previsão salarial é de R$ 2.500, podendo chegar até R$ 15 mil para profissionais mais experientes e que atuem em grupos seletivos da sociedade como idosos de famílias de alta renda.

Como chegar lá?

Já existem cursos de graduação específicos em gerontologia, mas profissionais da saúde, administradores e pessoas com formação em ciências sociais, que se interessarem pela profissão, também podem se especializar na área.

Muitas vagas de trainee e estágio são encontradas nas áreas de saúde e assistência social para gerontólogo, embora ainda não exista nenhum programa específico para desenvolvimento desses profissionais.

Por que é uma profissão do futuro?

Esta é uma área que está em grande expansão, pois o Brasil é um país que está envelhecendo com rapidez. Levará 22 anos para duplicar a sua população idosa, de 7% para 14% do total de habitantes. Países como a França, por exemplo, demoraram 100 anos para atingir o mesmo índice, por isso, nos próximos anos, haverá alta demanda e escassez de profissionais qualificados.

Analista de SEO

O analista de SEO é uma profissão extremamente recente. Uma forma simplificada de explicar as funções desse profissional é esclarecer que ele é responsável por melhorar o desempenho das páginas de um site para que elas fiquem bem posicionadas nas buscas realizadas nos mecanismos de busca e redes sociais mais relevantes do mercado mundial.

O maior desafio do analista consiste em fazer que as páginas apareçam de forma orgânica nas buscas, ou seja, sem a necessidade de comprar anúncios nos buscadores e, ao mesmo tempo, aproveitar ao máximo os investimentos on-line de seus clientes. Trata-se de um processo que traz resultados em médio prazo.

Não existe uma formação específica para ser um analista de SEO, assim como para ser analista de mídias sociais. Para suprir essa carência de formação técnica na área, muitos profissionais recorrem a uma fonte extremamente habitual: a própria internet. Como autodidatas, os analistas de SEO consultam fóruns, manuais e trocam experiências com outros profissionais da área.

Principais áreas de atuação

Há ofertas de trabalho para analistas de SEO na área de marketing ou de TI de empresas de médio e grande porte, em agências de marketing on-line, como freelancer, consultor ou até mesmo treinando novos profissionais.

Faixa salarial

No auge da carreira, um profissional dessa área pode receber salário que varia entre R$ 6 mil e R$ 18 mil. Com frequência, parte dos ganhos são diretamente vinculados aos resultados alcançados.

Como chegar lá?

Não existe um curso de graduação para ser analista de SEO, mas profissionais de marketing ou tecnologia da informação são priorizados pelas empresas na hora da contratação. É importante saber que essa profissão exige conhecimentos técnicos dos programas e linguagens da própria internet, como HTML e CSS, Web 2.0, mídias sociais, tablets, Google Analytics, além de uma ótima redação e fluência em português e inglês.

Não há programas de trainee e estágio específicos para essa área, mas existem muitas vagas de estágio em empresas e agências de marketing on-line.

Por que essa é uma profissão do futuro?

O mercado digital amadurece aceleradamente acompanhando o próprio crescimento na audiência e na exigência do público, exigindo das empresas um posicionamento digital em que as práticas amadoras e até heroicas devem dar lugar aos princípios de B.I. (business inteligence), com investimentos crescentes em marketing digital.

Consultor de sucessão

Um dos maiores trunfos para grandes empresas e conglomerados que tenham sido fundados por famílias e que, de certa forma, ainda mantêm o poder centralizado, é organizar uma boa estratégia de sucessão, considerando ou não as novas gerações da própria família.

A especialidade do consultor de sucessão está no desenvolvimento do plano de transferência de poder e autoridade dos gestores e administradores mais veteranos das empresas para profissionais mais jovens e mais contextualizados com o cenário atual do mercado. O objetivo do plano é facilitar a transição e garantir que o empreendimento familiar seja perpetuado e mantenha a trajetória iniciada pelos fundadores.

Para atuar como consultor de sucessão é necessário ter um forte conhecimento de gestão em negócios e, de preferência, com formação superior voltada ao mundo corporativo. Existem cursos direcionados para esse tipo de consultoria, nos quais estão em foco o empreendedorismo e a sucessão.

PROFISSÕES DO FUTURO

Principais áreas de atuação

O mercado brasileiro ainda é formado em sua grande maioria por empresas de controle familiar. Com o aquecimento da economia, muitas empresas estão identificando a necessidade de se profissionalizar, principalmente em razão do acelerado crescimento de seus negócios, assim como a crescente dificuldade de atrair os herdeiros para a gestão das empresas criadas por seus pais. Assim, profissionais que já trabalham em empresas familiares com cargos de confiança têm grandes chances de auxiliar e se desenvolver nesse segmento, seja como consultores nas próprias empresas que trabalham ou como consultores em outras empresas. Nessa hora, a experiência é o maior ativo desse profissional.

Faixa salarial

Por ser uma carreira focada na atuação por projeto, a faixa de ganhos financeiros é bastante ampla. Dependendo da complexidade e magnitude do projeto, os valores podem oscilar entre R$ 25 mil e R$ 100 mil. Há casos também em que o profissional pode se vincular a uma consultoria como contratado, pelo regime de CLT. Nesse caso o valor será estabelecido previamente através de contrato específico, mas pode ter um salário inicial de R$ 6 mil e que pode passar de R$ 25 mil em grandes projetos.

Como chegar lá?

Existe um curso de administração na Pontifícia Universidade Católica do Rio Grande do Sul especializado em gestão de empreendedorismo e sucessão, ideal para o profissional que pretende ser um consultor de sucessão, já que é necessário estar focado na administração de processo e gestão.

Profissionais que já trabalham em uma empresa familiar e têm conhecimento empresarial e de gestão podem especializar-se e fazer um curso de pós-graduação na área. Não há programas de estágio e trainee para consultores de sucessão, principalmente por se tratar de uma profissão que exige um elevado grau de experiência profissional e também a construção de vínculos de confiança.

Por que essa é uma profissão do futuro?

Muitas empresas familiares, fundadas nas décadas de 1960 e 1970, estão passando por um processo de consolidação e precisam de uma gestão mais profissional. É nesse cenário que entra o consultor de sucessão, para ajudar nessa transição e dar continuidade ao empreendimento familiar.

Farmacoeconomista

O principal objetivo de um farmacoeconomista é realizar o estudo e a análise de custos de um medicamento, tanto para aqueles direcionados à população como para os que devem ser encaminhados aos sistemas de saúde, levando em consideração todos os aspectos econômicos possíveis e cabíveis nessa equação. Atuação em hospitais, órgãos públicos e empresas farmacêuticas são viáveis e demandadas atualmente, inclusive na gestão do negócio em si.

O aumento do número de pessoas vinculadas a planos de saúde e o crescimento da indústria de medicamentos no país ampliam as expectativa sobre esse profissional.

Estudantes com formação superior nas áreas de medicina, farmácia, economia e administração possuem boas chances de atuar como farmacoeconomista e experiência em áreas como gestão de planos de saúde, empresas farmacêuticas e hospitais pode fortalecer o currículo e se tornar um diferencial.

Principais áreas de atuação

O farmacoeconomista pode atuar em empresas farmacêuticas, hospitais e órgãos públicos. A função desses profissionais varia de acordo com o empregador. Em órgãos públicos e hospitais, por exemplo, o profissional terá que negociar a compra de medicamentos, enquanto em empresas farmacêuticas, o farmacoeconomista terá como objetivo estabelecer preços, distribuição e estratégias de viabilidade financeira dos remédios.

Faixa salarial

Os profissionais dessa área têm salários que variam em torno de R$ 6 mil e R$ 12 mil, com grande possibilidade de ampliação desses ganhos se os contratos forem vinculados aos resultados alcançados.

Como chegar lá?

Para ser um farmacoeconomista é necessário ter uma visão financeira e também entender de medicamentos, por isso, economistas, farmacêuticos, médicos, administradores e profissionais com experiência em gestão de hospitais, planos de saúde e empresas farmacêuticas, que se interessarem por essa profissão, podem fazer um curso de pós-graduação para se especializar.

As grandes empresas da indústria farmacêutica incluem em seus programas de estágio vagas para a área de farmacoeconomia.

Por que essa é uma profissão do futuro?

A indústria da saúde está em expansão no país, com a fusão dos grandes laboratórios brasileiros com as empresas globais. Além disso, a inclusão social de grande parte da população na economia formal tem levado ao aumento do número de pessoas com planos de saúde. Esse cenário torna indispensável a presença de profissionais especializados na economia farmacêutica.

Aquicultor

Aquicultura ou aquacultura é a produção e manejo de animais e organismos aquáticos em prol do seu uso pela sociedade, ao mesmo tempo em que procura minimizar os impactos da atividade sobre o meio ambiente. Incluem-se nessa produção os peixes, moluscos, crustáceos e anfíbios, além das plantas aquáticas.

A área de atuação pode-se dar em várias etapas do negócio, da industrialização e comercialização até distribuição dos produtos para o mercado consumidor. Em parceria com biólogos e engenheiros de pesca, o profissional faz a avaliação da viabilidade técnica de um projeto, acompanha sua execução e dá assessoria técnica a toda a cadeia produtiva. Pode trabalhar, ainda, na avaliação de riscos ambientais, em equipes multidisciplinares.

Principais áreas de atuação
Propriedades voltadas à aquicultura, indústrias pesqueiras, empresas de processamento de pescado e cooperativas de pescadores são algumas das principais

empregadoras dessa área. Usinas hidrelétricas também podem ser um nicho interessante para esse profissional, pois costumam manter laboratório de aquicultura.

Faixa salarial

Esse profissional terá um salário inicial médio de R$ 2.700 podendo alcançar até R$ 12 mil em projetos de maior magnitude.

Como chegar lá?

Para trabalhar com aquicultura é necessário fazer um curso técnico na área que propiciará noções básicas de física, química e matemática, além de matérias mais específicas como aquicultura, piscicultura, tecnologia e biologia pesqueira.

As vagas de estágio podem ser encontradas em agroindústrias ou grandes propriedades rurais já profissionalizadas.

Por que é uma profissão do futuro?

O aumento na expectativa de vida das pessoas tem provocado o aumento significativo da população mundial, que deve atingir 9 bilhões de habitantes até 2030, para somente depois iniciar um processo de redução, motivado principalmente pela redução sistemática da taxa de natalidade.

Esse cenário já representa um alerta para que os países intensifiquem os programas de gestão de recursos, buscando alternativas para alimentar essa população crescente. Com dois terços do planeta ocupado por águas, será inevitável a concentração de boa parte dos esforços na produção de culturas aquáticas.

Especialista em Bioinformática

A força que a tecnologia da informação exerce nas mais diversas áreas demanda profissionais capazes de aplicar conhecimentos tecnológicos em outros campos. No caso do especialista em bioinformática, a aplicação dos conhecimentos recai sobre a bioquímica, biologia e a genética, principalmente.

Essa ciência multidisciplinar é responsável por armazenar e relacionar dados biológicos, com o auxílio de métodos computacionais e até algoritmos matemáticos, buscando reconhecer padrões que provavelmente o cérebro humano não conseguiria analisar.

Os principais responsáveis pelo grande aumento na demanda por bioinformatas são projetos como o Genoma Humano, que geram uma infinidade de dados e informações relevantes. Esse profissional também é muito procurado para áreas como agricultura, biotecnologia, farmácia, bioquímica e medicina.

Para poder trabalhar como especialista nessa área é importante que o indivíduo aposte na formação, com pós-graduações e extensão a outros graus acadêmicos em disciplinas científicas relevantes como genética, física, química e biologia.

Principais áreas de atuação

Universidades, empresas farmacêuticas, de informática e institutos de pesquisas privados e do governo são os maiores empregadores de bioinformatas.

Faixa salarial

O salário de um especialista em bioinformática varia entre R$ 5 mil e R$15 mil, dependendo do conhecimento e da experiência do profissional.

Como chegar lá?

Se o profissional graduado na área de biológicas ou exatas (química, física, biologia, computação, matemática) tiver interesse pela profissão, pode fazer uma pós-graduação em bioinformática.

Por que é uma profissão do futuro?

Essa é uma área nova na ciência, com menos de 10 anos de existência no mercado internacional, e agora empresas farmacêuticas no Brasil estão à procura de profissionais qualificados. Há tendência que ela aumente com o tempo.

Especialista em Mobile Marketing

Aparelhos celulares ultraversáteis (os smartphones) já são uma realidade absolutamente disponível no mercado. Quatro em cada cinco aparelhos comercializados atualmente são desse tipo e possuem acesso à internet através de redes 3G e, futuramente, até 4G, o que ampliará ainda mais o uso e a velocidade de acesso. Além dos smartphones, há também um crescente número de aparelhos de acesso à internet que estão rapidamente substituindo os computadores pessoais e notebooks – são os tablets.

Esse cenário proporciona o surgimento da prática, intensa, do marketing digital móvel, que diariamente desafia os profissionais de tecnologia. Os investimentos provenientes de marcas e produtos estão cada vez mais focados e fragmentados em canais. Negligenciar o marketing móvel em alguns mercados pode significar distanciamento da concorrência. Essas novas tecnologias trazem alterações extremas no comportamento e estilo de vida das pessoas, principalmente dos jovens, o que desafia as agências de marketing e operadoras a inovarem constantemente.

Trata-se de uma área nova no Brasil e a demanda é por profissionais com alto conhecimento tecnológico e com modelo mental digital, ou seja, alguém que entenda a dinâmica do comportamento on-line das pessoas. O objetivo do trabalho é principalmente mapear a presença da marca com o consumidor, seja no restaurante, no parque, no trabalho, na aula ou na praia com os amigos. Mas não basta apenas localizá-lo, é preciso entregar a mensagem certa na hora certa, gerando assim relevância da marca para a pessoa.

Principais áreas de atuação

O especialista em Mobile Marketing irá encontrar ofertas de emprego, principalmente, em empresas especializadas em marketing on-line e em operadoras de telefonia. Também poderá atuar como consultor independente, trabalhando por projeto para empresas que sejam inovadoras.

Faixa salarial

Os profissionais nessa área ainda são raros e por isso não há um padrão de salário, contudo, os valores se assemelham ao do Analista de SEO e podem variar entre R$ 6 mil e R$ 12 mil, com grande possibilidade de ampliação desses ganhos se os contratos forem vinculados aos resultados alcançados.

Como chegar lá?

Profissionais como publicitários, jornalistas e analistas de TI que se interessarem pela área de Mobile Marketing podem cursar especializações em marketing digital e redes sociais, pois ainda não há uma graduação específica nessa área. Esse profissional precisa entender como funciona o mercado digital e estar atento às inovações que surgem diariamente, pois esse ainda é um campo que irá crescer muito e diversas tecnologias serão desenvolvidas para atender as demandas das empresas.

Apesar de não existir programas de estágio específicos para essa profissão, há vagas em empresas especializadas em marketing on-line, empresas de telefonia móvel ou empresas de médio e grande porte que tenham interesse em criar um novo posicionamento nesse campo do marketing.

Por que é uma profissão do futuro?

O setor de mobile marketing ainda é pequeno no Brasil, mas a cada ano a venda de smartphones, tablets e outros dispositivos móveis têm batido recordes no país. Sem falar no investimento em internet 4G, que deve fazer esses números se multiplicarem nos próximos cinco anos e levará as empresas a desenvolverem estratégias em mobile marketing para contatar seu público.

Negligenciar o marketing móvel em alguns mercados pode significar distanciamento da concorrência.

Midialogia

Talvez você nunca tenha ouvido alguém dizer "eu sou um mídia" ou "eu estudo as mídias", entretanto, essa é uma área que existe no cenário das comunicações com o objetivo de aprofundar e interligar conhecimentos e conceitos de Rádio e TV, Jornalismo e Publicidade e Propaganda. Esse não é um segmento novo, pois existe desde o início da imprensa, mas ganhou força com o surgimento do rádio e da televisão no século XX.

O setor de entretenimento é o que mais absorve profissionais de Midialogia. Impulsionado pela indústria da comunicação e com o advento da internet, houve um novo impulso nessa profissão, principalmente porque os profissionais dessa área precisaram reinventar todos os conceitos de planejamento de campanha e orçamento para contemplar a nova e poderosa mídia que surgiu a partir do início do século XXI.

Principais áreas de atuação

Esse profissional deve ter a capacidade de analisar e buscar sinergia entre os diferentes ramos da comunicação, como fotografia, televisão, rádio, produção sonora, imprensa e cinema, usando de muita criatividade e capacidade de planejamento, pois é o principal responsável pela gestão orçamentária de qualquer campanha de comunicação.

Atua principalmente em agências de publicidades e possui uma grande interface de relacionamento com as áreas de marketing de grande anunciantes.

Faixa salarial
Apesar de trabalhar no campo da comunicação, os ganhos desse profissional têm grande semelhança com a remuneração do pessoal da área de finanças, pois sua atuação principal é com planejamento financeiro.

O salário de um Mídia em início de carreira oscila entre R$ 2,5 mil a R$ 4 mil. No auge, em posições de gestão, o salário pode ultrapassar valores de R$ 10 mil ou R$ 15 mil.

Como chegar lá?
Quem se interessar por essa área pode fazer o curso de graduação, que hoje é ministrado pela Universidade de São Paulo (USP) e pela Universidade Estadual de Campinas (Unicamp), onde o curso já é o terceiro mais concorrido, com 39 candidatos por vaga. Outro caminho é obter graduação em Comunicação Social e fazer uma especialização em Finanças ou Mídia.

Há vagas de estágio em todas as áreas descritas acima, apesar de não existirem programas de estágio e trainee específicos para a profissão.

O setor de entretenimento é o que mais absorve profissionais de Midialogia.

Por que é uma profissão do futuro?
A forma como o ser humano se comunica está em transformação. Grandes anunciantes alteram suas estratégias de comunicação para contemplar o crescimento intenso da internet e dos serviços de comunicação móvel (celulares e tablets). O profissional dessa área que souber ressignificar e interligar os diferentes tipo de mídia, principalmente com inovações que contemplem o marketing digital, irá se destacar e se tornar bastante procurado.

Profissional de Ecorrelações

A palavra-chave para os interessados nesse campo é sustentabilidade. Apesar de o nome ainda não ser familiar, o profissional de Ecorrelações tem o desafio de conciliar o desenvolvimento do país e a conservação ambiental. Para isso, é preciso interligar interesses de diversos grupos como consumidores, grupos ambientais, governo e iniciativa privada.

Ecorrelações é, na verdade, uma nova denominação para uma função já existente em algumas empresas e sua consolidação no mercado demandará engenheiros, administradores, economistas, gestores de marketing e outros profissionais dispostos a conciliar as ambições empresariais a uma vida de melhor qualidade.

Principais áreas de atuação
Empresas de pequeno, médio e grande porte, estatais ou privadas, que queiram aumentar os lucros de forma sustentável, respeitando o meio ambiente, a sociedade e, evidentemente, os resultados financeiros.

Faixa salarial
Os profissionais de nível técnico recebem salários que variam entre R$ 5 mil e R$ 8 mil. Em posição de gestor os ganhos podem superar os R$ 12 mil.

Como chegar lá?
Engenheiros ambientais, economistas, administradores e profissionais de marketing que se interessarem por essa área podem buscar uma pós-graduação ou cursos técnicos que permitam ampliar os conhecimentos sobre práticas de sustentabilidade e especializar-se em ecorrelações.

Por que é uma profissão do futuro?
Ecorrelações é uma atividade que teve início em

1992, na ECO-92 no Rio de Janeiro, mas somente a partir de 2012, com a RIO+20, é que o mercado percebeu, de fato, a importância desse profissional.

A ONU possui um Programa específico para o Meio Ambiente e a pressão mundial cresce sobre os países que relutam em adotar práticas sustentáveis. Nos próximos anos, com as crescentes alterações do clima mundial veremos, cada vez mais, iniciativas que busquem conciliar desenvolvimento e conservação ambiental, principalmente por parte de grandes empresas que têm interesse na continuidade de seus próprios negócios.

Especialista em recuperação de áreas urbanas degradadas

Principalmente em grandes centros, não é difícil encontrar áreas urbanas degradas ou simplesmente malcuidadas. Isso representa um grande desafio para governantes e gestores de grandes empresas, pois o planejamento urbano é responsável por boa parte dos recursos que promovem a mobilidade e o desenvolvimento das cidades. Decidir onde aplicar os recursos bem como criar mecanismos para que os benefícios desse investimento sejam efetivos tem se tornado uma atuação muito mais complexa.

Entre as funções desse profissional estão o planejamento e a consolidação de estratégias para a recuperação de áreas em território urbano que tenham o uso inadequado, gerando riscos ou custos para a sociedade.

Principais áreas de atuação

Apesar de grandes empresas buscarem esse tipo de profissional quando estão desenvolvendo grandes áreas de trabalho, como parques industriais ou comerciais, é no setor público que ele irá encontrar maiores ocupações. Eventualmente, também terá espaço de trabalho em organizações não governamentais e associações que atuam na manutenção dos espaços urbanos.

Há ainda vagas em construtoras, empresas de projetos e consultorias ligadas a obras de infraestrutura.

Faixa salarial

Essa atividade requer um profissional com experiência, por isso os salários podem variar entre R$ 10 mil e R$ 15 mil.

Como chegar lá?

Profissionais graduados em arquitetura, urbanismo, engenharia ambiental e geografia estão aptos a atuar como especialista em recuperação de áreas urbanas degradadas. Buscar uma pós-graduação é recomendado para profissionais de outras áreas que se interessarem em atuar nessa especialidade.

Por que é uma profissão do futuro?

Desde os anos 1950 o movimento de migração para grandes centro urbanos se tornou um desafio para a gestão dos recursos públicos. Atualmente, mais de 60% da população brasileira vive em grandes cidades, isso provoca fenômenos sociais conhecidos como o uso intenso e a consequente degradação dos recursos públicos, ou a ocupação inadequada e desordenada de grande parte das áreas urbanas. Superar esses desafios irá requerer profissionais muito mais habilitados e com elevada capacidade estratégica.

Especialista em epidemias e desastres naturais

As severas mudanças climáticas e seus graves desdobramentos como enchentes, desabamentos e fortes chuvas geram a necessidade de profissionais capazes de desenvolver e instituir planos de contingência que respondam rapidamente, minimizando os efeitos causados por calamidades que nem sempre podem ser evitadas.

Esse profissional deve ser capacitado não apenas a lidar com catástrofes por meio de planos de emergência, mas, principalmente, ser eficiente na elaboração e na prática de planos de prevenção. Aptidão que pode fazer muita diferença nessa profissão é a capacidade analítica para estruturar estudos e análises de áreas de risco.

Não existe uma formação específica para atuar como especialista em epidemias e desastres naturais, entretanto, graduação em administração, segurança pública, áreas da saúde ou urbanismo pode facilitar o caminho.

Principais áreas de atuação
Obras de infraestrutura, construtoras, empresas de projeto, consultorias e instituições públicas, indústrias químicas e de petróleo, indústrias agrícolas e mineradoras.

Faixa salarial
Essa atividade requer um profissional com experiência, por isso, os salários podem variar entre R$ 10 mil e R$ 15 mil.

Como chegar lá?
Algumas universidades privadas oferecem o curso de graduação em segurança pública, mas profissionais da área da saúde, de planejamento, bem como urbanistas, administradores e especialistas em segurança do trabalho podem buscar especialização em gerenciamento de situações de crise, segurança e saúde pública e se habilitarem a trabalhar como especialistas em epidemias e desastres naturais.

Por que é uma profissão do futuro?
Grandes catástrofes naturais chocaram o mundo nos últimos anos, e sabemos que não serão as últimas.

A preocupação com os impactos gerados no meio ambiente pelas catástrofes e pela crescente ocupação urbana tem aumentado, o que causa uma crescente busca por especialistas.

Diante da limitação de atuação dos governos, estamos observando também grandes corporações se mobilizarem para desenvolver profissionais que atuem nesse tipo de situação, principalmente quando os desastres podem ser provocados pelo seu negócios ou operação, como é o caso de empresas petrolíferas, mineradoras e indústrias químicas.

Especialista em inteligência artificial

Inteligência artificial não surge no cenário apenas para protagonizar filmes de ficção. O objetivo principal é a possibilidade de usar a tecnologia como alternativa para substituir o ser humano em funções perigosas, aumentar a sua eficácia em tarefas delicadas ou até extremamente repetitivas.

Ser um especialista em inteligência artificial não é tão simples e é indispensável ter formação específica, seja por meio de graduação ou pós-graduação. Áreas como ciências da computação, engenharia da computação, análise de sistemas ou outros campos relacionados com o desenvolvimento de inteligência artificial podem ser uma boa alternativa para ingressar nesse campo.

Principais áreas de atuação

Esse profissional encontrará vagas em diversos setores, mas é principalmente na indústria, que busca a melhoria na produtividade através de projetos de automação e robótica, que ele encontrará mais opções.

O setor de telefonia e comunicação também tem explorado bastante essa área, pois há grande rentabilidade no aproveitamento de processos e no gerenciamento de recursos do uso de banda e de frequências de sinais.

Faixa salarial

A média salarial de um especialista em inteligência artificial está entre R$ 5 mil e R$ 25 mil, dependendo da área de atuação.

Como chegar lá?

Cientistas da computação, analistas de sistemas e engenheiros de computação podem se desenvolver por meio de cursos de pós-graduação, assim como cursos especializados em tecnologias de aplicação de inteligência artificial.

Há vagas de trainee e estágio nas empresas de médio e grande porte do setor.

Por que é uma profissão do futuro?

Até meados de 1965 não havia nenhuma previsão real sobre o futuro do hardware, quando o então presidente da Intel, Gordon E. Moore fez sua profecia, na qual o número de transistores dos chips teria um aumento de 60%, pelo mesmo custo, a cada período de 18 meses. Essa profecia tornou-se realidade e acabou ganhando o nome de Lei de Moore.

Segundo Carl Anderson, pesquisador da área de concepção de computadores da IBM, a Lei de Moore pode estar chegando ao fim. Entre os motivos para que Anderson faça tal previsão está o fato de que os engenheiros estão desenvolvendo sistemas que exigem menos recursos do processador e os custos para pesquisas de novos processadores estão cada vez mais altos. Além do fato de o aumento da velocidade elevar o consumo de energia e a dissipação de calor. Ou seja, a própria evolução tecnológica deve levar a soluções que promovam a inteligência artificial e esse é um caminho irreversível.

Terceirização Offshore

A tendência de terceirização *offshore* começou nos anos 1990 para atender à demanda de empresas que começaram a manufaturar produtos fora de seu país de origem. Inicialmente, os países asiáticos eram a principal escolha para trabalhos *offshore*. Isso porque, apesar do custo de transporte, essa alternativa era ainda mais barata do que manter produção *onshore*, ou seja, no próprio país da empresa.

Há algumas décadas, não se cogitava possuir centros de serviços compartilhados no outro lado do mundo, pois isso demandava altos custos operacionais e inviabilizava totalmente a equação. Mas, com o avanço das telecomunicações, da gestão de projetos e, principalmente, do custo baixo de mão de obra, algumas localidades remotas tornaram-se factíveis e alteraram o cenário mundial.

Coordenar projetos de terceirização *offshore* ganha relevância uma vez que as questões éticas e ecológicas começam a despertar o interesse das grandes empresas, pois consumidores cada vez mais conscientes querem ter a certeza da procedência de produtos e serviços que adquirem e consomem.

Esse profissional tem a incumbência de fiscalizar as empresas às quais são terceirizados serviços ou fornecimento de materiais, além de estudar oportunidades de terceirização em outros países, de acordo com as necessidades da empresa.

Conhecimentos sólidos sobre comércio internacional, nível superior e línguas estrangeiras são primordiais.

Principais áreas de atuação

Esse profissional encontra vagas em grandes indústrias e em grandes empresas de serviços compartilhados que usam como estratégia de atuação empresas de *offshore*.

Faixa salarial

Com a alta demanda e a limitação de profissionais especializados, os salários podem oscilar entre R$ 5 mil para novatos e R$ 15 mil após cinco anos de experiência na área.

Como chegar lá?

Profissionais de logística, tecnologia da informação, administradores e engenheiros que se interessarem por terceirização em *offshore* devem buscar uma pós-graduação ou um curso de especialização em comércio exterior.

Por que é uma profissão do futuro?

Os negócios estão cada vez mais globalizados. Empresas com sede em um país, mas com boa parte de sua matéria-prima vinda de outros países já são realidade. E cabe ao coordenador de terceirização *offshore* assegurar que os fornecedores terceirizados sigam os padrões éticos e de qualidade exigidos pela empresa que os contratou.

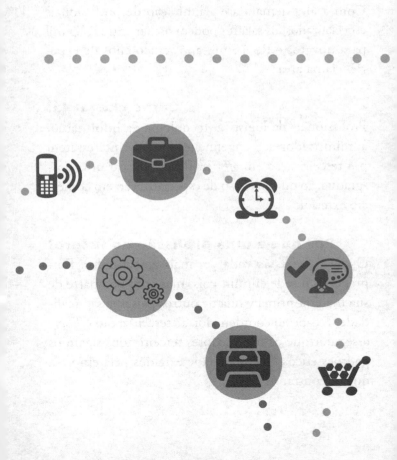

Algumas ótimas oportunidades para os próximos anos

• • • • • •

Além das oportunidades apresentadas, separamos ainda mais algumas ótimas chances para os próximos anos, considerando o contexto em que estão envolvidas e as tendências que se apresentam no Brasil e no mundo.

Estão divididas em dois principais grupos:

Finanças

Com o aumento do poder de compra e ampliação do acesso ao crédito, a população brasileira tem demonstrado um grande apetite consumidor, principalmente por novas tecnologias e bens de consumo.

Esse aumento no consumo, que traz uma evidente melhoria no padrão de vida, exige mais e mais um planejamento financeiro estratégico.

Comunicação pessoal
As pessoas não se comunicam mais como antigamente. Tudo mudou! Novos tipos de mensagens, novas tecnologias, novas linguagens. Esse cenário exige que os profissionais ligados a comunicação se reinventem, gerando novas formas de transmitir mensagens, contudo, também abre espaço para profissionais que lidam com as técnicas de comunicação e que trabalham com a fonética, sintaxe e idiomas, principalmente por conta da globalização e das novas tecnologias de comando de voz.

Finanças - Consultor em planejamento financeiro

A profissão de consultor financeiro não é nova e seu conceito pode ser bastante abrangente. Normalmente realizada por gerentes de banco, essa atividade se transformou durante os últimos anos, assim como o cenário econômico brasileiro, e hoje é exercida por consultores especializados e sem um vínculo direto com bancos.

O trabalho se inicia com a definição de perfil do cliente – ou seja, o quanto este cliente deseja correr riscos –, condição básica para o consultor ter condições de indicar os produtos que podem atender as expectativas e trazer retorno financeiro.

Principais áreas de atuação

- bancos e instituições financeiras;
  consultorias;
- mercado de riscos e capitais;
- corretoras e fundos de investimentos;
- atendimento a pessoas físicas.

Como chegar lá?

A profissão de consultor financeiro exige experiência em alguns campos como investimentos, corretagens, empréstimos bancários e finanças. Caso esse profissional faça a gestão de uma carteira de investimentos, em que o cliente transfere toda a responsabilidade de seus ativos, pode ser necessário um registro na CVM (Comissão de Valores Mobiliários), além de procurações para operar junto às instituições financeiras em nome de seus clientes.

Existem várias categorias de consultores financeiros e você tem a opção de ser um profissional assalariado ou autônomo. O requisito mínimo para se tornar um consultor financeiro é ter um bacharelado em administração, contabilidade ou economia; contudo, há muitos casos de matemáticos e engenheiros que se aventuram nesse segmento também e, nesses casos, o ideal é complementar a formação realizando cursos de matemática financeira e pós-graduação em finanças.

Vagas de estágio ou programas de trainees são comuns tanto em bancos como corretoras e fundos de investimentos.

Faixa salarial

Essa é uma profissão que exige experiência comprovada em finanças e, para os iniciantes, é possível começar a atuar com ganhos médios acima de R$ 5 mil, mas pela área de atuação ser bastante ampla e diversificada, podemos dizer que o céu é o limite. Afinal, muitas vezes o consultor financeiro é remunerado de forma proporcional aos lucros e rentabilidade que gerou ao capital sob sua gestão. Dessa forma, não é incomum encontrar ganhos superiores a R$ 20 mil ou R$30 mil mensais, sem contar os bônus muito comuns a essa área.

Por que é uma profissão do futuro?

Atualmente, a saúde financeira tem se tornado uma grande preocupação de pessoas físicas, principalmente daquelas emergentes de camadas menos privilegiadas da sociedade. A estabilidade econômica conquistada nos últimos vinte anos ampliou a quantidade de pessoas com acesso ao crédito, principalmente na forma de financiamentos de longo prazo e de cartões de crédito.

Esse crescimento no acesso ao crédito, contudo, não veio acompanhado da maturidade na gestão financeira, além disso as taxas de juros se reduziram, mas em uma velocidade muito menor. Isso levou muitas famílias a descobrirem como é ruim "perder" o crédito por conta da inadimplência.

Outro fator que torna o momento favorável é o aumento na expectativa de vida que leva as pessoas a necessitarem de auxílio no planejamento de suas aposentadorias, uma vez que os recursos acumulados na trajetória profissional certamente precisarão considerar um novo equilíbrio financeiro.

É esse cenário que abre grandes possibilidades ao campo de consultoria financeira pessoal.

Atualmente, a saúde financeira tem se tornado uma grande preocupação de pessoas físicas, principalmente daquelas emergentes das camadas menos privilegiadas da sociedade.

Comunicação Pessoal - Fonoaudiólogo

Essa profissão tem uma função muito abrangente na sociedade. Tem como foco os cuidados da fala, desordem auditiva ou escrita e até a capacidade cognitiva de construção da linguagem, mas, para considerá-la uma profissão do futuro, precisamos expandir um pouco mais o seu conceito. O fonoaudiólogo pode trabalhar de diferentes formas: em hospitais, maternidades, empresas, consultórios particulares, centros de pesquisa e em consultório próprio como autônomo.

Uma curiosidade é que, no Brasil, essa profissão é uma escolha exercida normalmente por mulheres, contudo, há também excelentes profissionais do sexo masculino.

O fonoaudiólogo possui à sua frente o desafio de traduzir e interligar todas as novas formas de comunicação existentes na sociedade e certamente terá um papel fundamental no desenvolvimento de novas tecnologias, principalmente naquelas que exigirem o uso do comando de voz.

Principais áreas de atuação

- Hospitais e Clínicas.
- Indústrias e Usinas.

- Aeroportos.
- Consultórios.
- Estúdios de Rádio, TV e produção musical.

Como chegar lá?

Clínicas, hospitais e até mesmo empresas oferecem vagas de estágio para estudantes de fonoaudiologia. Um bom currículo escolar e especializações podem ajudar na conquista e na escalada para o sucesso. Atualização constante é extremamente importante, assim como formação em outras áreas da saúde.

Faixa salarial

O profissional iniciante pode ter ganhos iniciais entre R$ 1,5 mil e R$ 3 mil, que podem chegar até a R$ 8 mil em grandes hospitais e clínicas, porém, esse é um mercado ainda muito disputado e as melhores oportunidades são muito concorridas.

Procurar alternativas na indústria de tecnologia é um novo desafio e pode trazer ganhos entre R$ 4 mil e R$ 7 mil em empresas inovadoras.

Como profissional liberal, o fonoaudiólogo pode alcançar ganhos acima de R$ 10 mil, mas isso também dependerá de como formará sua clientela.

Por que é uma profissão do futuro?

Estamos assistindo a uma transformação na sociedade. A tecnologia está ocupando um espaço intenso no cotidiano das pessoas. Praticamente tudo que fazemos atualmente tem alguma interface com equipamentos e o mais comum é que acionemos tudo através de botões.

Isso começou a mudar nos últimos três anos e estamos vendo surgir a necessidade de novas formas de interagir com os equipamentos. A maior transformação será a definitiva incorporação do comando de voz em substituição aos antigos botões. Celulares, GPS, computadores e eletrodomésticos em geral serão comandados por voz a partir dos próximos anos.

Na indústria, há um crescente investimento nessa tecnologia, que existe há mais de quinze anos. No entanto, somente agora começamos a ter processadores de voz capazes de armazenar e decodificar confiavelmente os comandos. Nesse cenário, profissionais especializados em voz, sintaxe e linguagem estão sendo procurados com muito interesse. Caberá aos fonoaudiólogos um esforço para se atualizarem e ampliarem seu leque de opções.

Especialista em Línguas

Mais do que ser responsável pelo estudo científico das línguas e da linguagem, esse profissional ganhará nos próximos anos um papel mais destacado por causa dos eventos com projeção mundial. O fluxo de estrangeiros que o Brasil receberá traz um desafio enorme em termos de tradução simultânea e adequação de linguagens entre as diferentes culturas.

A velocidade com que novas palavras e linguagens são criadas principalmente pelo jovens, geram desafios para esse profissional que tem ainda como função analisar a estrutura, o significado e a sonoridade das palavras e das sentenças, bem como as diferenças de uso por grupos regionais ou sociais.

Há também muitas oportunidades na educação com a elaboração de material didático e no planejamento de projetos de alfabetização. Para essa profissão, o conhecimento em sociologia, antropologia e psicologia pode ajudar no relacionamento com outros profissionais da área e ampliar ainda mais as oportunidades de trabalho.

Principais áreas de atuação

- Escolas e Universidades.
- Editoras.
- Tradução e revisão de textos.

Como chegar lá?

Fazer um bacharelado em Letras é um bom começo, contudo, é muito importante não se fixar apenas em uma língua e, sim, ampliar sua formação em mais idiomas. Uma dica é considerar que a demanda por profissionais que dominem idiomas de origem asiática será uma tendência para os próximos vinte anos, principalmente o mandarim.

Iniciar como bolsista de iniciação científica em agências de fomento à pesquisa e universidades pode ser uma bela alternativa e tal atividade equivale-se a um estágio.

Pode-se também realizar trabalhos independentes como tradutor, intérprete ou revisor de texto, dependendo de sua disponibilidade e mobilização para buscar clientes.

Faixa salarial
O início de carreira normalmente é como professor e os ganhos oscilam entre R$ 2,5 mil e R$ 5 mil, porém, se a opção for por realizar trabalhos independentes de revisão ou tradução, os ganhos podem oscilar em valores maiores.

Por que é uma profissão do futuro?
O cenário mundial está se alterando profundamente e há um movimento de integração entre países como nunca houve na história da humanidade. Os negócios internacionais estão cada vez mais complexos e a fusão e globalização das empresas estão exigindo profissionais muito mais capacitados para se comunicarem. Além disso, a própria dinâmica da internet está

contribuindo espetacularmente com essa integração e o grande desafio é a linguagem.

Grandes empresas de tecnologia investem verdadeiras fortunas para colocar seus produtos em todos os mercados possíveis e isso exige um enorme esforço de "aculturamento" do produto que, por sua vez, requer cada vez mais soluções inovadoras de comunicação.

Nesse cenário, investimentos em tecnologias de tradução simultânea e corretores ortográficos se tornam prioridade e exigirão profissionais especializados em linguagem para que o processo tenha um resultado satisfatório.

O cenário mundial está se alterando profundamente e há um movimento de integração entre países como nunca houve na história da humanidade.

PARTE 3

SUCESSO ANTES DO TRABALHO?
SÓ NO DICIONÁRIO...

Escolha o trabalho de que gostas e não terás de trabalhar um único dia em tua vida.

(Confúcio)

Não quero
trabalhar no inferno!

• • • • •

Era mais um daqueles dias que gostaríamos de esquecer. Logo pela manhã, o trânsito já sinalizava que as coisas não caminhariam bem. O carro da frente insistia em perambular pela rua, com uma lentidão torturante.

Justo hoje, que ele precisava chegar mais cedo ao escritório para finalizar aquele relatório que, de tanta pressão que recebeu para entregar, deveria salvar o planeta.

Até mesmo ouvir o noticiário no rádio trouxe uma refinada dose de autopunição, pois cada matéria, escolhida pelos jornalistas nesse início da manhã, revelava uma desgraça ou uma injustiça acontecida recentemente.

O cenário fora do carro também não era muito animador.

Os ônibus e lotações passavam abarrotados de pessoas espremidas e sufocadas.

Nenhum sorriso, nenhuma alegria, apenas rostos angustiados e concentrados em seus próprios universos, talvez esperando que aquele dia acabasse logo.

Quando ele chegou ao seu trabalho, descobriu que durante a madrugada um problema nos computadores destruíra o relatório que havia preparado durante a semana.

Assim, aquilo que seria uma simples revisão se tornou um castigo imenso, comprometendo todas as suas outras atividades do dia, inclusive o almoço de reencontro com um antigo colega de escola.

Voltando para sua casa no final do dia, sentia uma sensação de "déjà-vu", pois os carros lentos, os ônibus lotados e os rostos angustiados estavam novamente fazendo parte do cenário. O único pensamento que conseguia formular sobre isso era que não havia nada de novo, tudo sempre fora assim.

Ao estacionar seu carro, encontrou um vizinho simpático que lhe perguntou:

– Como vai, vizinho?

A resposta saiu sem energia e quase que automaticamente:

Nenhum sorriso, nenhuma alegria, apenas rostos angustiados e concentrados em seus próprios universos, talvez esperando que aquele dia acabasse logo.

– Vou indo...

O vizinho não quis "esticar" a conversa, talvez por receio de se contaminar com a falta de entusiasmo da resposta.

Entrando em sua casa, ele foi recebido por um garoto que não tinha altura suficiente para um cumprimento mais próximo, e sendo seu filho, sentiu-se impelido a se curvar para dar-lhe um beijo. Esse movimento revelou-se traumático, pois seu corpo sedentário não lhe proporcionava a flexibilidade de outros tempos.

Isso também determinou suas próximas ações, fazendo com que o prometido jogo de bola com o filho fosse novamente adiado para outra ocasião.

Digeriu o jantar durante uma nova dose de autopunição, desta vez proporcionada pelo telejornal, e depois de cochilar no sofá durante alguns instantes, entregou seu corpo para a sedutora cama, começando seu sono com imagens e pensamentos das mesmas atividades que iria realizar no dia seguinte.

Muitos anos se passaram e essa rotina foi se cristalizando de tal forma que parecia fazer todo o sentido.

Quando era questionado sobre sua vida, ele sempre respondia:

– Vou indo...

Quando seu filho já tinha altura para cumprimentá-lo, sem que isso representasse um esforço físico, ele foi surpreendido por uma pergunta:

– Pai, sempre vejo você cansado, chateado, esgotado. Você não me parece feliz! Pra onde você está "indo", quando as pessoas o cumprimentam?

Ele não tinha uma resposta pronta, mas tentou esboçar um argumento que pudesse ser coerente:

– Filho, eu sigo minha vida, vou indo pra onde todos nós vamos. Gostaria de ser mais feliz, sim, mas o meu trabalho é um inferno. Quando chego de lá, estou completamente acabado. Não vejo a hora de me aposentar e sair daquele ambiente. Aí eu vou ser feliz!

Antes que o filho comentasse, ele perguntou:

– Mas e você, meu filho, o que pensa em fazer da vida? Pra onde vai?

Não vejo a hora de me aposentar e sair daquele ambiente. Aí eu vou ser feliz!

O jovem respondeu:

– Pai, não sei para onde vou no futuro, mas uma coisa eu posso lhe garantir: não vou mandar meu currículo pra sua empresa, pois eu quero ser feliz antes de me aposentar. Não quero trabalhar no inferno!

Estão apostando
em você?

• • • • • •

Quando penso no jovem profissional de hoje, sempre vejo referências inusitadas e até conflitantes. Dizem que essa é uma geração perdida no meio de tantas possibilidades que a realidade atual apresenta e, por isso, é incapaz de se aprofundar em algum tema. Contudo, talvez por causa de todo o "investimento" que foi feito, cobra-se dessa geração que ela seja um sucesso de competência. Muitos imaginam que, só por ser da geração Y, o jovem tem que ser necessariamente um talento. Isso é um engano terrível e só contribui para atrasar o desenvolvimento e a maturidade dele.

Talento não é exclusividade de uma geração, muito menos uma capacidade que se alcança apenas através do acesso à tecnologia, infraestrutura ou recursos educacionais modernos. Há um fator decisivo para um talento se manifestar: um mentor que aposte no jovem e o auxilie no desenvolvimento de seu potencial.

Contudo, vivemos em um tempo em que os mentores são raros e nem sempre são conquistados pelos jovens. Na verdade, aqueles que poderiam ser mentores estão muito ocupados competindo com os próprios jovens por um lugar no mercado.

Essa realidade é uma distorção do fluxo ideal para o desenvolvimento de pessoas talentosas, pois quando um jovem não tem seu potencial identificado, não há apostas em suas capacidades e, consequentemente, não são apresentados a ele desafios que permitam desenvolver o próprio talento.

Gosto muito do pensamento de Charles Handy em seu livro *The Hungry Spirit* quando diz que:

"A sociedade deveria tentar oferecer a cada jovem um mentor de fora do sistema educacional, alguém que tivesse grande interesse no desenvolvimento e progresso daquela pessoa na vida".

Não se encontra mentores no Google e nem é possível contar com eles quando se quer. Todo

> Muitos imaginam que, só por ser
> da geração Y, o jovem tem que ser
> necessariamente um talento.

conhecimento tácito, que também é conhecido como experiência, está nas mãos dos mais veteranos. Para ter acesso a esse conhecimento é indispensável conquistar um mentor. Para isso, só há um caminho: **ser aprendiz**.

Entretanto, nos dias atuais, nos quais os jovens querem ser vistos e reconhecidos como vencedores, não é muito comum identificar a postura de aprendiz, isto é, estar aberto para o aprendizado, não apenas em relação ao conhecimento acadêmico, mas também ao velho e bom "pulo do gato".

O processo é muito simples. Quando um mentor identifica um jovem e decide apostar em suas capacidades, ele direciona recursos e desafios para valorizar os resultados que podem ser alcançados. Para esse mentor, o jovem é um potencial. E tudo que decidir em relação ao jovem terá o objetivo de desenvolver esse potencial para que se manifeste o talento.

A chave é conquistar um mentor, assim, você terá alguém que o ajudará a desenvolver o seu talento.

Alguém está apostando em você?

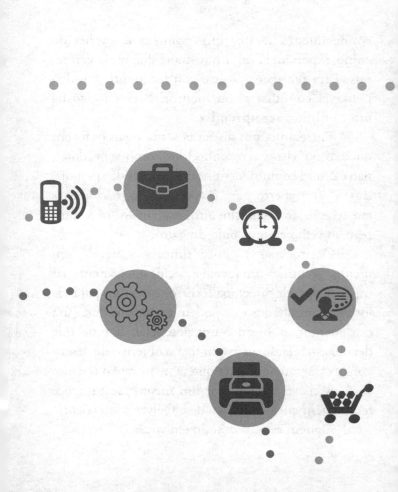

Vai mudar de emprego? De novo?

• • • • • •

A mudança é inevitável. Já não há mais desafios, os chefes evitam dar *feedback*, os benefícios são pequenos, o salário é baixo e uma eventual promoção não deve acontecer, pois é privilégio de poucos "protegidos". Com um cenário tão ruim e com tantas possibilidades melhores, por que não experimentar um novo emprego?

Já se tornou comum ouvir dos jovens profissionais um ou mais desses argumentos. O discurso está sempre pronto na entrevista de desligamento e parece que nada mais consegue modificar o que já é visto como fenômeno da rotatividade no emprego.

O cenário é estudado por consultores e gestores de RH de diversos segmentos, já que afeta e compromete uma das principais estratégias de gestão de pessoas – a formação de sucessores.

Os jovens normalmente se desligam reclamando das oportunidades limitadas de desenvolvimento e carreira, justificando o pedido de demissão na busca de novos desafios que possam expor seus "talentos" e, com isso, alcançar o reconhecimento, principalmente financeiro.

É necessário reverter esse quadro promovendo a conscientização dos jovens, pois eles ignoram que essa "estratégia" é a que mais contribui para que recebam desafios de menor valor, afinal, que liderança está disposta a permitir que a falta de experiência coloque em risco os resultados?

O jovem profissional precisa entender que, como "novato" na empresa, não receberá aquele desafio mais complexo, do tipo que afeta de maneira significativa o resultado. Para que isso aconteça, será

Os jovens normalmente se desligam reclamando das oportunidades limitadas de desenvolvimento.

> Deixar o posto de "novato" parece ser a estratégia desses jovens profissionais.

necessário comprovar sua capacidade por meio do sucesso em desafios mais simples. Também é na condição de "novato" que o jovem recebe grandes volumes de atividades. Esse fator muitas vezes é fonte de frustração, mas pode e deve ser considerado como oportunidade de mostrar o verdadeiro potencial.

Deixar o posto de "novato" parece ser a estratégia desses jovens profissionais, mas cada vez que decidem mudar de emprego são tratados como "novatos" de novo.

Não falta competência ao jovem, falta maturidade

● ● ● ● ● ●

Todos os gestores com quem converso trazem, em seus depoimentos, uma avaliação muito negativa sobre a competência do jovem profissional. Características como desengajados, desfocados e irresponsáveis são muito comuns e estabelecem um padrão profissional muito preocupante.

Buscamos jovens que se comprometam e se envolvam com o trabalho. Que tragam ideias e promovam inovações, contudo, percebemos que algo está diferente. As prioridades dos jovens profissionais estão ligadas ao estilo de vida, por isso conseguimos ver com clareza apenas uma ambição extrema para

Buscamos jovens que se comprometam e se envolvam com o trabalho.

alcançar posições mais privilegiadas e com remunerações cada vez maiores.

O que acontece realmente? O jovem profissional de hoje é incompetente?

É evidente que não, na verdade, ele tem um potencial muito maior do que qualquer outra geração de jovens que já chegou ao mundo corporativo. Afinal, ele foi muito estimulado, possui mais acesso às informações e desenvolveu uma competência singular em relação às tecnologias.

Parece, então, que nós, os mais veteranos, é que fomos incompetentes em formar novos profissionais. Apesar de providenciarmos aos jovens uma estrutura de formação acadêmica mais acessível e mais dinâmica do que as que existiam há vinte anos, essa estrutura não está formando bons profissionais.

Temos parte da responsabilidade na formação dos jovens, mas nossa falha não foi em prover instrumentos e facilidades para a formação de profissionais. Isso nós fizemos muito bem! A nossa falha acontece por não proporcionarmos um ambiente que exponha o jovem a desafios, nos quais ele tenha oportunidade de ganhar suas próprias cicatrizes com as falhas que eventualmente comete.

De forma sistemática, buscamos eliminar todas as possibilidades de falhas, pois nossas prioridades são sempre os resultados. Com isso, o que estamos alcançando é apenas uma geração de profissionais absolutamente preocupados em não falhar. Isso demonstra não uma incompetência, mas, sim, uma imaturidade corporativa nos jovens profissionais, que, para não falharem, evitam se expor a grandes desafios.

O que de fato falta não é competência, mas uma atitude madura dos profissionais novatos, que somente poderá ser desenvolvida mediante uma postura educadora por parte dos gestores veteranos.

De forma sistemática, buscamos eliminar todas as possibilidades de falhas, pois nossas prioridades são sempre os resultados.

Qual a importância do propósito?

• • • • • •

Já faz algum tempo que tenho percebido o comportamento aflito dos jovens. É muito comum ver esses jovens ansiosos com os possíveis caminhos que podem ou devem tomar, sempre envolvidos por pressões pessoais que tentam garantir que se faça escolhas não só corretas, mas sobretudo "espetaculares". Tudo acontecendo de forma acelerada e simultânea, como se a quantidade de possibilidades pudesse garantir um resultado satisfatório e talvez até a felicidade em cada passo dado.

Esses jovens dedicam uma enorme energia para alcançar o sucesso e serem reconhecidos por isso.

PROFISSÕES DO FUTURO

Entretanto, toda essa energia não está trazendo os resultados esperados. Frustração, decepção com a carreira e ansiedade extrema para novos desafios são características cada vez mais presentes, levando os jovens a ações sem foco e com o consequente resultado negativo.

O que acontece? Com todos os recursos, todo o acesso às informações, todo o cenário atual, não era para estar acontecendo justamente o oposto?

Os jovens da geração Y tiveram o privilégio de desenvolver uma grande intimidade com a tecnologia de conectividade e, portanto, se apresentam muito mais preparados para extrair todo o potencial dos comportamentos resultantes dos novos conceitos de comunicação. Normalmente, isso é associado a melhor desempenho e produtividade, contudo, é justamente aí que estamos observando os maiores desafios, pois os jovens foram expostos mais tardiamente às experiências que desenvolvem o conhecimento tácito.

Os jovens da geração Y tiveram o privilégio de desenvolver uma grande intimidade com a tecnologia de conectividade.

> O jovem profissional necessita, com urgência, estabelecer um significado para sua própria existência.

Para suprir essa falta de conhecimento tácito, alguns jovens acreditam que quanto mais cenários diferentes experimentarem, mais estarão preparados. Essa é uma estratégia equivocada, pois confunde experimentação com absorção de experiência.

Creio que esteja na hora de o jovem refletir nos seus propósitos, contudo, isso também não é simples, pois esse conceito foi ligeiramente abandonado na sociedade moderna e os jovens, muitas vezes, nem entendem qual o real significado de se ter um propósito.

O jovem profissional necessita, com urgência, estabelecer um significado para sua própria existência. Cabe ao jovem decidir "para que" está realizando todo o esforço a que se submete diariamente. Qual é seu objetivo? Aquele que determina uma grande vontade de realizar. Aquilo pelo qual valha o sacrifício e que possa afirmar que é o seu propósito de vida.

Você já sabe qual é o seu propósito? Ainda não? Saiba que é exatamente aí que está o motivo de você ainda não ver sua vida avançar como deseja.

CONCLUSÃO

O melhor lugar
do mundo para se viver

• • • • • •

Aquele menino não tinha limites para seus sonhos. Diante da euforia mundial com a chegada do primeiro homem na Lua, ele sonhou em ser astronauta.

Seu herói era Neil Armstrong, que podia ficar longe das guerras e das revoluções. No sonho, o espaço sideral era o melhor lugar do mundo para se viver.

Poucos anos se passaram e um terrível incêndio virou notícia instantânea na televisão. Ele via pessoas em chamas, se atirando para a morte, numa das primeiras transmissões ao vivo da TV. Nesse momento, sonhou ser um bombeiro. Seu herói era anônimo, aquele que ajudava as pessoas a ficarem longe do perigo. No sonho, sua cidade era o melhor lugar do mundo para se viver.

Quando seu pai começou a dirigir um automóvel, sua família ficou muito orgulhosa e contente, pois agora poderia passear com maior comodidade. Ter o carro na garagem de casa o levou ao mundo dos automóveis, e assistir o piloto de corridas favorito ganhar o grande prêmio virou o programa principal nos domingos. Foi quando ele sonhou ser um piloto de Fórmula 1. Seu herói era Emerson Fittipaldi, que usando sua habilidade mostrava a todos que estar atrás do volante de um carro de corrida era o melhor lugar do mundo para se viver.

Certa vez, um circo chegou na cidade despertando a curiosidade do menino, pois havia muitas coisas diferentes e novas naquele lugar.

Ele conheceu a coragem do domador de leões. Teve a mente desafiada pelas habilidades do acrobata. Ficou impressionado com o carisma do mágico. Todos eram vibrantes e sedutores em suas apresentações. O colorido era intenso, muitos sonhos aconteceram simultaneamente, muitos heróis surgiam.

Aquele menino não tinha limites
para seus sonhos.

O menino ficou zonzo, não conseguia escolher um herói para seu sonho. Ele queria ser todos ao mesmo tempo, mas sabia que seria impossível. Teria que escolher um.

Muitos anos se passaram sem a escolha, por isso aquele sonho não se concretizou, por estar sem um herói.

Quando o menino cresceu, viu que as crianças já não sonhavam mais da mesma maneira. Os estímulos eram tantos, as novas tecnologias traziam tantas possibilidades que não havia mais a busca por heróis, apenas por experiências intensas.

Lembrou-se então do seu sonho e decidiu procurar um circo para levar as crianças de hoje. Infelizmente não encontrou.

Vendo sua tristeza, uma das crianças sugeriu que ele procurasse algum vídeo na internet. Muito cético, ele relutou, pois acreditava que não haveria vídeos sobre circo.

A destreza da criança em pesquisar o assunto na rede mundial impressionava e não demorou muito vários vídeos estavam disponíveis. Um particularmente chamou a atenção, pois falava exatamente de um personagem que ele havia conhecido naquela sua visita ao circo quando era criança.

Naquele ocasião viu entrando no palco uma figura multicolorida e cativante. Que teve coragem de entrar na jaula dos leões e brincar com eles. Que subiu ao trapézio e voou com o acrobata e depois tirou o coelho da cartola do mágico.

Tanto ele quanto a criança, que hoje o auxiliava, ficaram encantados com a homenagem que estavam prestando àquele personagem.

Chorando, ele disse à criança que depois de tantos anos havia sonhado novamente.

Desta vez, sonhou ser um palhaço. Seu herói se chamava Arrelia, que usava todo o seu sorriso para fazer do mundo o melhor lugar para se viver.

Quando o menino cresceu, viu
que as crianças já não sonhavam
mais da mesma maneira.

A busca de uma carreira de vida

• • • • • •

O primeiro dia de trabalho na empresa é mágico. Depois de diversos exames e entrevistas, o jovem alcança o sonhado "primeiro emprego" – um dos principais ritos de passagem da vida. Agora o jovem não é mais apenas um estudante, é um profissional.

Muitas expectativas se mesclam aos sonhos de sucesso e realização, é o início de uma nova fase com muitos desafios que são, na verdade, o principal combustível para seguir adiante. Os primeiros líderes, que serão exemplos, são conhecidos e os modelos de trabalho deles ajudarão a formar a expectativa de uma carreira de muito reconhecimento. Tudo que acontece é emocionante e os olhos brilham a cada nova tarefa realizada.

Todo profissional já passou por essa situação e sabe que por mais que possa parecer inocente e ingênua, a experiência é marcante e fica cristalizada na mente de cada pessoa por toda a vida. Contudo, nos tempos atuais, diversas coisas alteram os acontecimentos após esse "dia mágico".

Os desafios dão lugar às tarefas cansativas, os "líderes" se transformam em competidores, agindo muitas vezes com incoerência, a cobrança por resultados é a única coisa constante e o reconhecimento passa a ter um aspecto abstrato e distante.

O tempo todo vemos pessoas insatisfeitas com sua profissão, buscando incessantemente compensações e benefícios que tornem o trabalho minimamente suportável e projetando sua felicidade em algum momento no futuro, mesmo que seja no final de sua trajetória como profissional. Seria, então, uma utopia considerar o trabalho como algo gratificante?

O primeiro dia de trabalho na empresa é mágico.

Nos tempos atuais, observamos que a tênue separação entre o "pessoal" e o "profissional" já não reflete a realidade na dinâmica de trabalho das pessoas.

Hoje, e-mails são respondidos durante festas de aniversários, relatórios são preparados na cama enquanto se assiste ao filme favorito, negócios são fechados por celulares durante caminhadas em parques e em muitas outras situações análogas. Pode-se afirmar com segurança que, de algum modo, o trabalho invadiu a vida pessoal.

Como consequência direta desse cenário, profissionais cada vez mais buscam empregos nos quais possam também contemplar sua vida pessoal.

Hoje se valoriza um ambiente profissional mais flexível e informal, que permita trazer aspectos pessoais para a rotina do trabalho, além disso, espera-se dos chefes um comportamento coerente e que promova o autodesenvolvimento por intermédio de desafios.

No campo das ideias e conceitos essa realidade é perfeita, mas para que ela possa fluir sem problemas é preciso também que o conceito de "carreira profissional" seja remodelado individualmente.

Por muitos anos a carreira profissional esteve associada à ampliação de desafios e reconhecimento pessoal, criando assim uma correlação que é absolutamente impraticável nos dias atuais, quando os níveis hierárquicos são cada vez menores e a quantidade de posições disponíveis no "alto da pirâmide" organizacional se torna mais reduzida a cada crise mundial.

Devemos realinhar nossas expectativas de "carreira" lembrando que, com a ampliação da expectativa de vida, dificilmente teremos apenas uma "profissão" em nossas vidas.

Precisamos concentrar nossos esforços e expectativas de desenvolvimento pessoal em desafios e projetos e não mais em uma carreira, sabendo que a profissão ou o emprego atual é só um meio para algo muito mais verdadeiro que a carreira profissional.

Proponho que não tenha muitas expectativas sobre títulos e cargos. O importante são os desafios que você conquista e a forma que utiliza para superá-los.

Durante nossa trajetória teremos bons empregos e péssimos chefes ou ótimos líderes e terríveis ambientes de trabalho, as escolhas que você fizer e a forma que irá utilizar para realizá-las irá determinar sua verdadeira carreira.

Seu grande legado, seu supremo reconhecimento não acontecerá por uma carreira profissional, mas sim por sua carreira de vida.

O importante são os desafios
que você conquista e a forma
que utiliza para superá-los.

Você está no jogo?

• • • • • •

Nos últimos anos, tenho observado o comportamento de jovens que estão se movimentando para ingressar no mercado de trabalho. Não é difícil encontrar aqueles que têm uma excelente formação acadêmica, resultante, principalmente, de privilégios conquistados por seus pais. Claro que isso não desqualifica o potencial desse profissional. Na verdade, creio que até aumenta a responsabilidade e a pressão para que ele seja merecedor de tais benefícios.

Também tenho encontrado jovens que, apesar de não usufruírem de tantos privilégios, buscam sua formação ingressando no mercado de trabalho mais

> Para esses jovens, muitas vezes, conquistar uma posição de destaque em uma grande empresa é um sonho distante e quase inatingível.

cedo, realizando trabalhos operacionais que não exigem necessariamente uma formação superior. Para esses jovens, muitas vezes, conquistar uma posição de destaque em uma grande empresa é um sonho distante e quase inatingível. Os melhores indicadores disso estão nos processos de seleção de trainees promovidos por grandes empresas, nos quais é possível identificar até 3 mil candidatos disputando uma única vaga.

Esse cenário se torna mais complexo quando adicionamos a competitividade global, principalmente por conta dos altos índices de desemprego de jovens na Europa, além, é claro, do aumento significativo na expectativa de vida, que faz com que os profissionais veteranos demorem mais para sair do mercado de trabalho.

Realmente é um contexto bastante desafiador para o jovem. Contudo, mesmo com todos esses desafios, tenho encontrado, sistematicamente, jovens que concentram suas energias na busca do **emprego ideal**. Aquele que irá trazer satisfação pessoal por intermédio de um ambiente flexível, com gente bacana e descolada, com atividades desafiadoras e estimulantes, contemplado por benefícios e salários diferenciados e, evidentemente, com um plano de carreira curto e de ascensão rápida. Quando, eventualmente, ele entra em uma empresa e não encontra todos os fatores de acordo com suas expectativas, sua opção tem sido a de se desligar do emprego e buscar um lugar melhor para trabalhar – sempre com o argumento de estar "buscando novos desafios".

Essa busca utópica por "fazer o que gosta no emprego ideal" tem levado vários jovens a não perceber que o mercado profissional é regido por uma palavra simples – **trabalho** – e não há qualquer empresa que tenha o propósito de reconhecer e recompensar um profissional antes que ele tenha participado do jogo e mostrado seu valor com trabalho.

Ou seja, manter uma postura altiva, buscando a compensação pelos esforços que empreendeu é válido, desde que tenha apresentado resultados e que sua experiência seja fundamental para o negócio da empresa.

O jovem sabe que sua curta trajetória de vida não permite, inicialmente, uma valorização de sua experiência, por isso, seu maior desafio é entender que os resultados somente podem ser apresentados por quem está jogando. Dessa forma, creio que seria melhor o jovem concentrar suas energias em "entrar no jogo" e não em escolher qual o melhor jogo para participar. Afinal, enquanto ele está selecionando a melhor empresa para trabalhar, os processos nas companhias também ficam cada vez mais seletivos e, desse modo, a única coisa que ele consegue é ficar "fora do jogo".

Diante desses argumentos, resta então uma pergunta: você realmente está preparado para entrar no jogo?

Essa busca utópica por "fazer o que gosta no emprego ideal" tem levado vários jovens a não perceber que o mercado profissional é regido por uma palavra simples – **trabalho**.

BIBLIOGRAFIA

ARDEN, Paul. *Tudo o que você pensa, pense ao contrário*. Rio de Janeiro: Intrínseca, 2008.

CALDEIRA, André. *Muito trabalho, pouco stress*. Curitiba: Editora Generale, 2011.

CARMELLO, Eduardo. *Resiliência: a transformação como ferramenta para construir empresas de valor*. São Paulo: Editora Gente, 2011.

ELMORE, Tim. *Generation iY: Our Last Chance to Save Their Future*. Poet Gardner Publishing, 2010.

ERICKSON, Tamara J. *Plugged In: The Generation Y Guide to Thriving at Work*. Boston: Harvard Business Press, 2008.

ERICKSON, Tamara. *E agora, geração X?* Rio de Janeiro: Campus, 2011.

ESTEVES, Sofia Amaral. *Virando gente grande*. São Paulo: Editora Gente, 2011.

ESTEVES, Sofia; MAGLIOCCA, Renata; GALDINI, Danilca. *Carreira: você está cuidando da sua?* Rio de Janeiro: Campus, 2011.

FRAIMAN, Leo. *Meu filho chegou à adolescência, e agora?* São Paulo: Integrare, 2011.

HUNTLEY, Rebecca. *The world according to Y: inside the new adult generation*. Allen & Unwin, 2006.

KNOWLES, Malcolm; HOLTON, Elwood F.; SWANSON, Richard A. *Aprendizagem de resultados: uma abordagem prática*. Rio de Janeiro: Campus, 2009.

KOCH, Richard. *Princípio 80/20: O segredo de se realizar mais com menos*. Rio de Janeiro: Editora Rocco, 2000.

LIPKIN, Nicole; PERRYMORE, April. *A geração Y no trabalho*. Rio de Janeiro: Campus, 2010.

O livro da filosofia: as grandes ideias de todos os tempos. (Vários colaboradores.) São Paulo: Editora Globo, 2011.

O livro da Psicologia: as grandes ideias de todos os tempos. (Vários colaboradores.) São Paulo: Editora Globo, 2012.

OLIVEIRA, Sidnei. *Geração Y: O nascimento de uma nova versão de líderes*. São Paulo: Integrare, 2010.

OLIVEIRA, Sidnei. *Geração Y: Ser potencial ou ser talento? Faça por merecer*. São Paulo: Integrare, 2011.

TAPSCOTT, Don. *A hora da geração digital*. Rio de Janeiro: Agir, 2010.

• • ● • ● BIOGRAFIAS

Sidnei Oliveira, consultor, autor e palestrante, expert em Conflitos de Gerações, Geração Y e Z, desenvolvimento de Jovens Potenciais e Mentoria. Autor de vários livros sobre Liderança e dos best-sellers da série Geração Y.

Formado em Marketing e Administração de Empresas, foi executivo e diretor em instituições financeiras e fundador dos sites Achei!! e Zeek!

É atualmente presidente da Sidnei Oliveira & Associados, vice-presidente do Instituto Atlantis de preservação ambiental e membro do conselho de administração da Creditem Cartões de Crédito e do Fórum de Líderes Empresariais.

É também articulista e colunista na Exame.com, onde reflete com jovens potenciais e especialista sobre questões a respeito de Carreira, Relacionamentos e Estilo de Vida dos Jovens Talentos de todas as gerações.

Camila Caputti, formada em Comunicação Social, com ênfase em Jornalismo, pela Universidade Presbiteriana Mackenzie.

Atuou como assessora de imprensa na KRP, empresa especializada em gastronomia, e na AMEO

(Associação da Medula Óssea), além de rádio-escuta da redação do jornalismo do SBT.

Atualmente, é Analista de conteúdo na Sidnei Oliveira Associados e responsável pelo blog SIDNEI OLIVEIRA na Exame.com.

Felipe Maluf, graduado em Administração Mercadológica pela ESPM (Escola Superior de Propaganda e Marketing) e possui Extensão em Business Administration pela University of California, Irvine. Atuou por sete anos como executivo de trade marketing e vendas em multinacionais e foi Sócio-Diretor da Veralana Recursos Humanos, onde idealizou o vídeo "Entrevista com o Estagiário", hit do Youtube com mais de 2,5 milhões de views. Participa como colunista do Blog do Sidnei Oliveira na Exame.com além de ser sócio fundador da Ycoach, onde atua como coach, palestrante e consultor com foco em carreira.

CONHEÇA AS NOSSAS MÍDIAS

www.twitter.com/integrare_bsnss
www.integrareeditora.com.br/blog
www.facebook.com/integrare

www.integrareeditora.com.br
